校企合作背景下的
商务英语教学实践

王金花　著

中国原子能出版社

图书在版编目（CIP）数据

校企合作背景下的商务英语教学实践 / 王金花著.
北京 ：中国原子能出版社, 2024. 6. -- ISBN 978-7
-5221-3463-5

Ⅰ. F7

中国国家版本馆 CIP 数据核字第 202493ST97 号

校企合作背景下的商务英语教学实践

出版发行	中国原子能出版社（北京市海淀区阜成路 43 号　100048）
责任编辑	杨　青
责任印制	赵　明
印　　刷	北京金港印刷有限公司
经　　销	全国新华书店
开　　本	787 mm×1092 mm　1/16
印　　张	13.25
字　　数	197 千字
版　　次	2024 年 6 月第 1 版　2024 年 6 月第 1 次印刷
书　　号	ISBN 978-7-5221-3463-5　　　定　价　**72.00 元**

发行电话：**010-68452845**　　　　　　　　版权所有　侵权必究

前　言

作为国际交流的通用语言，商务英语已成为连接各国企业，促进贸易合作的"桥梁"。在各种国际商务谈判、会议、报告等场合，掌握优秀的商务英语技巧已成为具备竞争力的必要条件。因此，如何有效地进行商务英语教学，培养具备高水平商务英语能力的人才，已成为现代教育的一项重要任务。商务英语不仅要求掌握基本的听、说、读、写技能，还需要理解并运用各种商务术语、规则。商务英语涉及跨文化沟通、礼仪、商业策略等方面的知识，这些都需要在商务英语教学中予以关注。

本书第一章为校企合作概述，介绍了校企合作的内涵、校企合作的意义、校企合作的运作机制三方面的内容；第二章为商务英语语言特征，介绍了四方面的内容，依次是商务英语的词汇特征、商务英语的句法特征、商务英语的语篇特征、商务英语的修辞特征；第三章为高校商务英语教学现状，介绍了四方面的内容，依次是商务英语课程设置现状、商务英语教材建设现状、商务英语教学方法现状、商务英语实践教学现状；第四章为项目教学法在高校商务英语教学中的应用，介绍了项目教学法的理论基础、项目教学法在高校商务英语教学中的应用原则、项目教学法在高校商务英语教学中的应用策略、项目教学法在高校商务英语教学中的具体实施四方面的内容；第五章为校企合作下高校商务英语专业能力培养，介绍了三方面的内容，分别是高校商务英语专业能力培养的构建思路、高校商务英语专业能力培养的基本框架、高校商务英语专业能力培养的路径；第六章为校企合作下高校商务英语教学体系建设，介绍了四方面的内容，分别是高校商务英语教学体系的构建原则、高校商务英语教学体系的功能、高校商务英语教学体系的路径、高校商务英语教学体系的实施。

在撰写本书的过程中，笔者参考了大量的学术文献，得到了诸多专家、学者的帮助，在此表示感谢。本书力求内容全面，但由于笔者水平有限，书中难免有疏漏之处，希望广大读者批评与指正。

目　录

第一章
校企合作概述

校企合作是一种重要的教育模式，旨在将理论知识与实践技能相结合，培养出更加符合社会需求的高素质人才。本章为校企合作概述，分别介绍了校企合作的内涵、校企合作的意义、校企合作的运作机制三个方面的内容。

第一节　校企合作的内涵

一、校企合作的意愿基础

企业要想在市场竞争中占据优势地位，提升自己的核心竞争力，就必须拥有大量高素质、高技能的人才。职业教育必须服务于社会和经济发展，并与其发展水平相适应。学校应致力于创造新的人才培养模式，根据教学实际情况调整培养目标，从而培养出与社会发展相协调的高水平人才。要努力扩大受教育者的范围，使教育面向全社会，着重培养学生的道德修养、技术技能以及就业创业能力。学校要想实现这一目标，就要始终保持开放的态度，不能关门办学，而是要积极与企业合作，掌握全方位的人才培养信息。可见，职业人才的供给方——学校，与需求方——企业和市场的目标和要求是一致的，体现出了院校与企业的共同利益。《国家中长期教育改革和发展规划纲要》和教育部、财政部《关于实施国家示范性高等职业院校建设计划，加快高等职业教育改革与发展的意见》等一系列的政府指导文件中都提出职业院校要"密切与行业企业在人才培养、技术开发应用等领域的合作""要广泛吸引企业和社会机构共同建设实训基地，建立产学结合的长效机制"都非常明确地体现了政府在改革学校教育与发展校企合作方面起到的重要作用。在发展市场经济的背景下，企业与学校存在共同利益，并且是在政府的支持下建立起来的校企合作的关系，这种关系是企业与学校在自主、自愿的基础上建立的，这就是校企合作的意愿基础。

二、校企合作的理论基础

任何事物、任何行为本身都隐含着内在的理论，所以对事物、行为研究的开展应该是以揭示其内在隐含的理论为前提。高校和企业之间分属于两个不同的行业领域，二者之所以能实现合作，必然也有其内在的联系，这是二者合作的桥梁。利益相关者理论、社会契约论、建构主义理论、协同创新理论、资源依赖理论为我们探析校企合作的理论基础提供了很好的线索。

（一）利益相关者理论

弗里曼认为，"利益相关者包括两类群体，一类是对企业生存和发展产生影响的个人和团体，另一类是企业行为过程中所影响的个人和团体。"[①]持有公司股票的人，如董事会成员、经理人员等是对企业生存和发展产生影响的个人和团体，这类人构成了"所有权益相关者"；员工、债权人、内部服务机构、雇员、消费者、供应商、竞争者等是企业行为过程中影响的个

---

① 弗里曼. 战略管理——利益相关者方法［M］. 上海：上海译文出版社，2006.

人和团体，这类人构成了"经济依赖性利益相关者"，即与公司有经济往来的相关群体；政府机关媒体等被称为"社会利益相关者"，即与公司在社会利益上有关系的利益相关者。这些利益相关者在企业的发展过程中，因为所拥有的资源不同，所以会对企业产生不同的影响。

弗里曼提出的利益相关者理论在企业战略和公司治理运行中得到了极为广泛的应用，特别是 20 世纪 80 年代以来，公司的治理和企业的社会责任等问题在经济全球化的不断深入及企业之间竞争的不断加剧的背景下，日益成为人们目光聚集的焦点。在这样的背景下，利益相关者理论认为，各种利益相关者的投入或参与是任何一个企业的发展都离不开的。因此，企业追求的利益是涵盖整个利益相关者的整体利益，而不仅仅是某个主体的利益。基于此，企业在承担相应的社会责任的同时，还应该全面考虑其与所有利益相关者、整个社会的关系。因此，企业的目标已经不再单纯是股东利益的最大化，还是利益相关者整体利益的最大化，也是企业自身利益的最大化。

利益相关者理论曾经受到过一些质疑，但因为其存在的合理性也在企业管理中得到了广泛的应用，并逐渐拓展到其他领域，成为分析校企合作的重要理论切入点。

从企业的角度来看，利益相关者理论成为企业与高校合作的理论切入点。一方面，在企业的利益相关者中，雇员是一个很重要的群体，雇员的质量如何，会直接影响企业的运作，更会影响企业的利益分配。在当下，绝大多数雇员来自高校的培养，企业能否迎来满足自己需求的雇员，取决于高校的培养质量。而企业直接与高校对接，尽早地介入人才的培养中去，无疑能更好、更为精准地满足自身对人才的需求。尽早与高校对接，尽早参与到企业的培养中去，可以为企业接收到能随时上岗、符合本公司企业文化、认同本公司管理理念的人员奠定基础。另一方面，在企业的利益相关者中高校仅仅是作为"社会利益相关者"身份出现的，企业与高校合作，参与高校的人才培养，可以直接或间接地帮助高校解决学生的就业问题，是企业承担社会责任的表现。

从高校的角度来看，高校和学生都是重要的利益相关者。大学是组织层面的利益相关者，作为一个非营利组织，大学通常是一个利益相关者组织，每个人都有一定的责任，但没有人会对自己的行为负全责。大学的利益相关者包括教授、校长、院长、管理人员、学生及已经毕业的校友，当然还有纳税人。大学利益相关者可分为四个层次：第一层为主要利益相关者，即主要是教师、学生和员工；第二层为关键利益相关者，即校友和赞助商；第三层为间接利益相关者，即研究资助者、产学研合作者、赞助商及与大学有合作关系的其他各方；第四层为外围利益相关者，即当地社区和公众。在高校这个利益相关者组织当中，学生是作为核心利益相关者的身份出现的，因此，如何满足学生的需求、如何实现学生的优化培养，是高校肩负的重要责任。面对那些绝大多数就业去向选择是企业的学生来说，尽早地让他们与企业接触无疑是优化学生培养的科学路径。

在最初阶段，大学与产业之间是相互独立的两个系统，后来随着科学技术的进步以及生产的发展，这两个独立的系统之间也逐渐开始产生了一些微妙的联系，我们将其称为初步合作。在这个过程中，外部环境也会进一步发生变化，大学和产业之间也随之有了深入的、双向的交流与合作，二者的合作关系也变得更为紧密。最后，大学和产业二者之间会形成一种更加成熟的、存在一部分重合职能的深度合作关系。

利益相关者理论在校企合作中适用，校企合作的核心内容就是打破高校相对封闭办学的状况，使得高校办学主体实现多元化发展，并共同参与高校的人才培养。这就涉及多个性质不同、又有各自预期利益的组织结构和个体等利益相关者，如政府、高校、企业、社会团体、学生等。为此，必须要建立一种由政府部门、高校、企业、行业、学生、家长和社会团体等利益相关者共同参与的校企合作的人才培养模式。在进行校企合作人才培养的时候，应该充分考虑各利益相关者的利益诉求，必须确保最终实现各利益相关者真正参与共同育人和实现各自利益诉求的"双赢"目标。因此，运用利益相关者理论，从"利益"角度出发来剖析和探寻校企合作的有效性问题，既是一种研究的趋势，也使得校企合作成为可能。基于此，作者认为，利益相关者理论为校企合作奠定了理论基础，提供了理论上的合理切入路径。

（二）社会契约论

利益相关者理论为校企合作奠定了理论基础，提供了理论上的合理切入路径，而社会契约论则为实现校企合作提供了保障。契约论从两个角度来诠释校企合作。

第一，从企业对社会责任的角度。社会契约是一种常被用于解释企业社会责任的理论。早期的社会契约仅仅是一种社会规范，伴随着技术的发展和工业文明的到来，社会契约随之发展为经济层面的社会契约与社会伦理层面的社会契约。于是，企业作为人类社会经济活动下诞生的一种组织，自然而然地会被要求去遵守有利于人类社会和经济发展的最基本的社会契约。而且，随着人类社会活动的日益复杂化，企业日益处在一张由众多共同体所构成的大网之中，在这张大网中，企业不是独立存在的，企业不可能单纯追求经济利益。于是，契约论便为企业参与这种世界新秩序的理解提供了坚实的理论基础——企业是通过与社会建立契约而获得合法性的。因此企业社会责任由一系列契约所规定，正是因为这些契约关系的存在，就约束企业必须表现出符合社会和大众期望的行为，并且要为促进社会发展作出贡献。

第二，从保障企业与高校合作的关系的角度。卢梭的《社会契约论》是契约论的权威解读，他认为，以契约的方式建立一种可行的行政规则，既能够发挥公共力量的防御和保护功能，同时还能够保障每个人的权利和自由。契约的产生源于人类想要通过合作的方式使自己能够更好地生存下去，契约的建立必须是公平的，必定要符合全体成员的利益。而且，契约一旦建立，就无法更改。

基于契约论的基本理论，校企合作就有了契约的规制与保障。在契约的规制与保障下，校企合作双方对各自的权力与责任都有明确的规定尤其是建立在书面基础上的校企合作，更是体现了校企合作的法律规范性——契约的建立是平等的，契约一旦建立，就不可更改，如学者吴建新所描述的那样："在契约的规范和约束下，校企合作双方对各自的责任、义务和权力都有明确的规定，建立在书面基础上的校企合作更能反映校企合作的法律规范性"①。这样无论是高校还是企业，双方的合作因为有了契约而更加互相信任，行为更为有效，合作更为持久。

在契约理论下，企业与高校联合培养人才，意味着彼此之间既享有一定的权利，也必须履行相应的义务，从而在权利与义务平衡的情况下培养出让双方都满意的学生。

（三）建构主义理论

契约论为校企合作提供了保障，校企合作的目标是更为优化地培养学生，那么是否有理论为学生接受校企合作模式提供支持呢？下面来分析分析建构主义理论。

皮亚杰、杜威等人对建构主义理论作出了巨大贡献，他们不仅使建构主义理论产生了影响，而且使之广泛应用于认识论领域和教育实践领域。建构主义理论在发展过程中形成了三个基本观点：其一，知识不是被动接受的，是个体在受教育的过程中主动建构的；其二，知识是个人经验的具体化，个体通过自己的经验来构造自己的知识；其三，知识是和他人磋商后达成一致的社会建构。基于这三点，建构主义在教学实践中的应用形成了如下观点：其一，学习是一种学习者主动地建构内部结构性的知识和非结构性的经验背景知识的活动；其二，学习是一个过程，这个过程既包含对新信息的意义建构同化过程，也包括对原有经验的改造和重组顺应过程。

---

① 龚艾蒂. 校企合作视域下空乘人才培养研究［M］. 昆明：云南人民出版社，2020.

其三，知识本身是客观的，但因为不同的人具有不同的个人经验，对于知识的认识和理解与个人经验有关，并且知识的形成是个体与外部环境交互作用的结果。所以，个体可以借助学习者之间的有效合作来强化自己对知识的理解。其中，最为核心的是，知识不只是通过教师传授得到的，而是学习者自己建构的，是学习者在个人经历的情境，以及与其他学习者互动交互作用过程中自己建构起来的。学习者一直处于中心地位，教师的责任和义务是通过有效的方式和途径创设情境，并帮助学习者进行意义建构，从而使其获取知识。

在这个理论框架下，有两个重要原因影响学生获取知识——学生的主动性和学生获取知识的环境。既然学生是在与情境的交互作用过程中完成知识建构的，所以，这个情境特别重要。高校是培养学生的重要场所，学生在校园环境中通过课程教学、实验教学等环节来完成知识的建构。企业是部分学生未来的工作场所，如果能把企业整合进来，让学生在企业环境中进行知识的建构，特别有助于学生知识体系的优化，有助于学生对理论知识体系的进一步理解，也有助于学生职业技能的具体化，这就是建构主义理论所倡导的学习观念。在建构主义理论中，学生主动地在与情境的交互作用中完成知识的意义建构，使得校企合作成为可能。

（四）协同创新理论

"协同"概念出自德国物理学家哈肯的《协同学——大自然构成的奥秘》，其指的是，各个主体共同参与整体的发展，通过沟通与合作促成多赢的局面，提高整体效能，从而实现利益的最大化。

"协同"效应主要应用于物理学和自然界中，同时它也在一定程度上体现了社会发展与演变的机制。例如，在经济领域，各个主体都在这个开放的环境下发展，它们都是由市场统一联系起来的，其中的各要素在市场的作用下重新组合，这也体现了协同效应。由此，协同是一种有效的组合方式，这种组合方式优化了资金的充分利用，也加速推动了创新的进程。作为经济领域中的一个系统，企业是协同创新的重要主体之一。

那么，对于高校来说，协同创新意味着什么呢？高校的协同创新理念体现出了高校的价值准则，在合作、共享、共赢的基础上求创新、谋发展，致力于培养高水平人才。协同创新理念的提出和践行极大地改变了我国大学办学理念的被动局面，是我国大学在高等教育发展规律理念的指导下，谋求的具有划时代意义的新发展，是我国大学创新由割裂走向融合、由分散走向集成的客观要求，是大学自身突破传统创新的必然结果。协同创新理念既是大学办学内在的需要，又是社会发展对大学所提出的新要求。一般来说，高校实现协同创新的途径有两条：一是高校内部自我协同创新，通过高校内部不同院系之间在科研思想、技能与技术等方面的交流合作，实现高校主体内部知识共享；二是高校与外部互动产生协同创新，通过与其他主体的产、学、研协同创新，来推动高度与企业联合办学。

高校和企业是构成社会组织的两大重要主体，二者的合作既能促进经济要素的优化配置，同时还能满足合作双方的利益诉求。我们可以从资源整合和成员互动两方面来考量协同创新理论对校企合作的理论支撑（见图 1-1-1）。

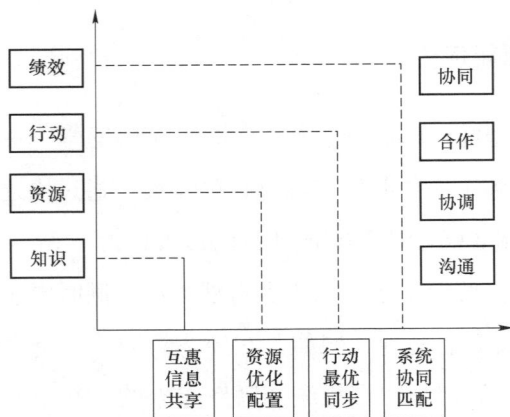

图 1-1-1　资源整合和成员互动

从高校的角度来说，协同创新能够帮助高校优化学生的实践教学，适应行业对人才培养的要求，提升人才培养质量；从企业的角度来说，协同创新能够最大效益地获取符合企业发展的人力资源。企业与高校合作的协同创新，既能优化高校学生培养的实践性能力，也能为企业提供满足其需要的人才。

（五）资源依赖理论

资源依赖理论的观点认为，在整个社会系统中，不同的利益群体共同组成了一个联合体。在这一联合体中又有许多不同的组织，每个组织都在各自的发展过程中确立了符合自身发展的目标，并且有自己的发展预期，目标和预期的实现依赖于组织内要素的互动及组织与外部环境的互动，组织内外的互动离不开资源，对于任何一个组织来说，都不可能持有实现自我供给下的组织内外互动所需要的全部资源。相反，大量影响组织内外互动的稀缺和珍贵的资源都存在于组织的外部环境中。因此，所有组织在某种程度上都不能够完全独立的存在，都必须依赖于外部环境而生存发展。所以为了生存和发展，组织就必须不断地从外部环境中吸收各种资源。

由此看来资源依赖理论呈现了这样一个特征：维持组织运行需要的多种不同的资源不可能都由组织自己提供，组织的正常运作是由多种在组织内进行的活动构成。基于此，任何组织都必须依赖环境以求资源，都必须依赖其他单位的活动来维持正常运作。

这种对外部资源需求的特征使得企业和外部组织之间产生了极大的依赖关系，如何管理这些依赖关系是企业不可回避的问题，成功管理这些依赖关系的关键在于，一方面能否通过控制关键的资源来降低对外部组织的依赖，另一方面能否通过占有更多的资源来提高外部组织对企业自身的依赖。于是，企业通过优化自身所拥有的资源和通过合作伙伴获得的关键资源，必然会增强整体的实力。

在市场经济条件下，高校面临的竞争压力也如企业一样。于是，校企合作成为高校和企业双方各自发展的需要。对高校来说，高等教育的教学质量、科研能力及社会服务能力水平，都必须要随着社会经济发展和科学技术水平的不断提高才能保持有效发展，这就需要在优化自身内部资源的同时，通过多种途径获得大量的外部资源的支持；对企业来说，技术、人力、组织、战略等因素是企业竞争优势的主要来源，其中，人力资源的丰富性和先进性构成了企业的核心竞争优势。这样，高校与企业各自对核心竞争优势的获得的期望，既可以使得组织间异质性资源交换和整合的需求加强，也能使校企合作形成的可能性和可行性增大。

于是，校企合作就成为一种把高校与企业之间的资源依赖转化为二者之间互补的模式。校企合作就是参与合作的利益主体——高校和企业之间基于资源需求而进行的选择、配置和利用的过程。在校企合作过程中，企业给高校提供的资源，有资金、场地、捐赠、人力资源和社会资源等，其从高校获得的资源是人力资本、成本降低、技术改造和创新等资源；而高校提供的资源则是原创性的知识、技术、声誉、人力资本及教育管理等等，其获得的资源为资金、政策扶持、知识内容更新、场地、捐赠、多元文化的融合等。当然，在高校与企业合作的主体中，还有一个显性提供资源、隐性收获利益的组织——政府，政府提供的资源是财政拨款、政策导向、法律与管理规定等，其扮演的角色是为社会发展及生产力提升供应各类动力并给出一定制约，其获得的资源是隐性的——高等教育的发展和企业的发展及其所带来的社会的高度发展。

从如上各主体对资源的供给与需求可以看出，高校与企业进行合作不存在竞争的矛盾，彼此之间提供的资源是互补性的。由此，校企合作形成的主要原因是参与各方获得了一种互补性资源。

在资源依赖理论框架下，企业与高校联合培养人才，企业提供了绝大多数高校所缺乏的实训场地以及有丰富的实践经验的人力资源；高校提供了优质的教师队伍和深厚的理论积淀的文化熏陶。二者互相补给，最大限度地满足了自身的需求。

总之，如上理论从不同角度为校企合作的实现提供了理论的切入点，在某种程度上也为校企合作提供了方向。

三、校企合作的本质

高校教育的宗旨是服务社会，以就业为导向，通过产学结合的发展道路来培养高素质技能型专门人才。因此，高等教育要想获得更好的发展就必须依赖于校企合作办学。从本质上看，校企合作的目的是以一种创新的方式培养学生未来职业发展的能力，在校企合作、双方参与的基础上培养高水平人才。校企合作具有教育性、职业性、创新性、互利性等特点。因此，高校要寻求新的人才培养方式，首先要深入了解校企合作的内涵和特点。

（一）以共同培养人才为目标，实现人才培养模式的创新

校企合作办学旨在通过高校和企业的通力合作，培养适应社会发展的高素质、高水平的全面发展的人才。校企合作办学的方式有助于高校和学生及时了解社会对人才需求的信息，明确人才培养方向。同时，这也有利于高校根据合作办学的具体发展及遇到的问题及时调整专业结构，对不适合的课程体系进行改革，制订新的人才培养方案和教学标准，开展重点专业建设，通过工学交替进行的学习模式来培养适应社会发展的高质量人才。高等院校在设置专业时，应该充分调查社会和市场的发展需求，及时调整专业设置，努力适应社会和行业的发展。通过开展校企合作办学，高校可以明确本校专业面向的岗位，使教学标准更加明晰；企业也可以明确岗位的职业能力、岗位要求和工作过程。这有利于高校根据企业的要求调整人才培养模式和目标，建立专业的课程体系，在合理利用校企双方优势资源的基础上，加强交流与合作，实现人才培养目标。校企合作办学有利于高校创设更加开放的办学环境，同时，高校可以根据企业和行业的要求及发展情况合理调整招生规模和专业设置，创新办学理念，更好地服务学生，

规划以就业为导向的课程设置。通过校企合作办学这一途径，高校可以增强办学活力，将企业的管理经验、管理方式和企业文化融入高校的管理中，提升高校的管理水平，从而提高其竞争力，有利于培养出更多社会发展所需要的人才。

（二）以人力资源合作为纽带，实现校企互利

一方面，企业和高等院校顺利运行的根本保障就是人力资源，人力资源是企业发展状况良好与否的直接影响因素。同时，高等院校是培养人才的地方，这些毕业生是企业人力资源最主要的来源。高等院校通过教学和实践培养了毕业生的职业能力，使他们具备了一定的职业素养，由此可以满足企业的岗位要求，减少企业在培训员工方面的负担。企业在进一步提升生产技术和岗位转移的过程中，员工的整体素质也得以提升。企业可以为高等院校提供实训基地，高校为企业输送优秀毕业人才，在双向互动中推动校企合作的进一步发展。

另一方面，高等院校需要重视师资建设，建立一支具备双师素质、专兼结合的教师队伍，为开展高水平的教育教学提供有力保障。首先，高校可以利用"访问工程师"制度来使教师考核和聘用制度更加完善，激励教师走出课堂，深入一线，从而使教学理论与实践更好地结合，提高教学水平。其次，要加强企业和高校的人才互动，高校可以从企业当中引入技术型人才充实教师团队，来推动人才共享，资源共享。最后，要建立更加完善的制度对兼职教师进行管理，高校通过在企业当中聘用高素质的专业人才，不仅可以提升本校专业发展水平，还有助于提高教师团队的整体素质。

（三）以物质资源共享为手段，实现校企互惠

高校培养人才主要是通过实验、实训、实习这几个环节来实现的。目前，我国高校依然存在教育资源短缺、实训场所不足等问题，这些问题是阻碍我国高校进行教育改革与发展的主要因素。因此，高校加强在教学实

践方面的投入是重要任务。

首先，要对校内外的教学资源进行合理整合，通过校企合作办学，将企业的生产、经营、管理理念融入高校的教学与管理中，高等院校提供教育场所、教育资源和师资团队，企业提供专业设备和技术人才，建设校内和校外实训基地，为学生学习和实践营造开放、共享的环境，使教学和实训更加具有职业性和针对性，建立工学交替的教学模式和人才培养模式。

其次，高校与企业的密切合作有利于为学生创设更加真实的实训环境，使教学实践顺利进行。

最后，高等院校的教学理念应该与时俱进，与现代社会发展相适应，运用现代信息技术开发仿真教学资源，为学生打造环境优良的校内外实训基地。同时，企业也可以利用仿真教学资源对内部员工进行培训，来提升员工的职业素养。

高等院校和企业通过密切合作，整合教学、技术和物质资源，在高校进行专业教学的过程中，为学生打造更加真实的就业环境。学生可以从中亲身参与企业的生产、经营、管理，从而提升自己的职业能力和核心竞争力，有利于培养合作意识。校企合作办学不仅可以使高校在教学改革过程中的问题得到有效解决，还能促进高校的人才培养，为企业源源不断地输送高质量毕业人才。这种合作办学的教学模式使高校和企业共同参与教育教学，有利于实现互惠互利，促进共同发展。

（四）以技术服务为推动力，实现校企共赢

企业要想获得长远发展，首先要重视技术的发展。企业在生产经营的过程中，不可避免地会遇到各种技术和管理等方面的问题，这就对企业的经营管理提出了更高的要求。企业为了解决问题，提高市场竞争力，需要不断研发新技术和新产品，这也为校企合作提供了更多的机会。

高等院校的优势就是可以培养大量的技术型人才，同时，高校的科研人员创造的成果也需要在企业的生产中进行实践才可以真正达到服务社会

的目的。在校企合作办学的过程中，高校应该明确自身的优势并将其充分发挥出来，同时，企业也要为高校的教育教学提供资金和设备支持，只有双方进行深度合作，才能达到解决企业发展难题的目的，也能够帮助高校培育出更多、更优秀的人才来为社会发展作贡献，从而实现双赢、多赢的目的。

四、校企合作的特征

（一）教育性

高校教育旨在培养学生各项能力，基于这一目标，校企合作的教育形式具有明显的经济和企业行为特点。因而，开展校企合作办学的本质目的就是培养高水平的人才，为企业和社会发展服务。校方和企业的最终目标都是培养人才，并以岗位需求为发展方向，加强人才培养的意识，打造良好的高校育人环境，制定科学合理的教学大纲和教学目标，共享教学资源，使企业和高校都能参与到培养人才的过程中去。这不仅符合校企合作办学的要求，也体现了校企合作的教育性这一特点。

（二）职业性

高校与企业的合作，从一开始就旨在通过产学结合、工学交替、产学研结合等方式，培养符合职场需求的人才。换句话说，产学结合的主要目的是给学生提供自我教育的机会，在学习情境中获取知识，有效提升自身的职业素养，提高专业能力和社会能力，最终实现从学生向职场人的过渡。这一过程体现了高校与企业合作的职业性，满足了企业对高素质专业人才的需求。

（三）互利性

合作是一种双方或多方参与的社会互动形式，人们通过合作来实现某些一方无法单独完成的目标。因此，高等院校与企业之间的合作也是一种社会互动形式。在校企合作过程中，校方和企业有共同的目标、对某一问题的相似见解和认知以及合作互动。换言之，合作的特点是共同的行为和一致的目标，即互利性。我们所说的目标从本质上讲就是单靠一方行动无法实现的利益。企业、高校、教师、学生和员工都能从双向合作中获益，其参与者不应孤立地行动而没有利益联系，也不应只有利益而不行动。因此，互利性是校企长期合作的坚实保障。

（四）创新性

创新是民族进步、国家繁荣的不竭动力，创新能力决定了高等教育能否顺利地开展校企合作办学。在完善高等教育人力资源开发的过程中，探索校企合作的人力资源开发途径不仅是一个不断改革创新的过程，也是提高人力资源开发质量、实现可持续发展的必然前提。由于各高校所在地区和各行业的不同，校企合作的形式、内容和方法也不尽相同。目前，高校校企合作的成功范例不多，也无法形成固定的模式以提供参考。因此，在校企合作的过程中，各方都应以实事求是的态度和改革创新的精神，探索校企合作的正确方式。而不能简单地照搬一些还没有经过实践检验的不成熟的想法和做法，不结合各参与方的实际情况进行改革和创新，就不能达到校企合作的效果。

（五）多样性

校企合作的方式应是多层次、一体化的，包括高校与企业的合作、专业与产业合作、技术合作、人力与物力合作、信息合作、研发合作等。这种合作应基于高校、企业、政府和社会等多方利益相关者的共同愿望，利用校企合作的各方面优势，实现人才培养目标、推动技术发展，并实现利益的最大化。校企双方应将各自的优势发挥到极致，按照市场经济规律和职业教育规律，逐步建立起互惠互利、优势互补、长期合作、良性循环、共同发展的机制，以适应经济社会的发展和对人力资源的动态需求。

实现高校办学，离不开校企合作多样性这一重要特点，同时它也为高校和企业的长期合作提供了坚实基础，标志着校企合作的顺利进行。否则，就会削弱合作的广度、深度和效益。

（六）文化性

校企合作也是一种涉及文化的合作形式。如今，面对日趋激烈的市场竞争，很多企业都形成了自己的企业文化，有先进的管理理念、适合企业发展的制度及良好的企业氛围等。优秀专业人才的培养必须与这种企业文化相适应。学生作为校企合作的主体，在多种形式的合作中不仅学到了专业知识和技能，而且加深了对社会的了解，接触了企业文化，逐步具备了积极向上的工作态度、严谨有序的工作作风、团结协作的精神等职场人的素质。

在高校与企业的合作过程中，企业文化与校园文化二者之间可以相互影响、相互融合，使校园文化和企业文化更加富有生机与活力，强化校园文化的职业特性，提升企业文化的层次，推动高校与企业共同进步。同时，让企业参与高校的管理，可以引入企业先进的管理理念和开放、和谐的企业文化，有利于打破传统、僵化、封闭的管理体制。高校可以在合作办学的过程中借鉴企业先进的管理理念和管理体制，将其运用到高效管理和文化建设过程中，营造良好的教育教学氛围。

校企文化合作反映了校企合作的广度和深度。校企合作不仅体现了高等教育的发展趋势，为高等教育指明了发展方向，也有助于企业充实人力资源，实现更好的发展。因此，应更加重视对高校与企业合作的意义和特点的探索，实现高等教育培养人才的最佳效果，这对高校、企业和社会都具有至关重要的意义。

第二节　校企合作的意义

校企合作的目标是实现高校人才培养成果与用人单位的人才需求无缝对接，高校通过与合作的企业共享资源，可以根据企业甚至整个行业的具体问题进行具体分析，包括企业的经营方式、岗位要求等。高校可以根据这些因素及时调整专业及课程设置，使之更符合社会发展需求和人才培养目标。实行高校与企业之间的长期合作，可以减轻毕业生的就业压力，使其在毕业时就具备一定的职业能力，同时也能减轻企业的再培训所产生的经济负担。我国高校的教育教学改革正在深入发展，在这一背景下，校企合作办学成为促进高校发展的有效手段，为高等院校指明了发展方向。

随着社会主义市场经济的进一步发展，企业正在面临越来越激烈的竞争，在这种竞争压力下，降低成本成为企业谋求生存和发展的重要手段。

人力资源成本在企业的所有支出中占很大比重，为了实现利润最大化，越来越多的企业都希望在培训方面减少成本。也就是说，他们希望大学毕业生在毕业后能够立即满足就业要求，而不用再接受额外的职业培训。然而，由于目前我国高等教育理论知识培养方面仍存在不足，学生不能很好地将理论知识与实践结合起来，导致其与大部分企业对人才的要求仍有较大差距。

现在许多高校毕业生往往无法达到用人单位的岗位要求，需要企业在他们上岗前对他们进行二次培训，这样就大大增加了企业的人力资源成本，同时由于现在人才的流动性增大，许多企业在付出了沉重的培训成本之后往往无法获得应有的收益。目前，很多用人单位在招聘岗位时都要求应聘者具备一定的工作经验，这对高校毕业生来说是一个很大的挑战。因为他们通常没有相关的工作经验，所以很难找到合适的工作机会，这也是高校毕业生就业难的主要原因之一。

高校与企业建立长期、稳定的深入合作关系是解决高校毕业生就业问题的根本手段。高校与企业双方应该在平等、互利的基础上开展合作办学，建立长期稳固的校企合作关系对于校企双方来说都是互惠双赢的。这种合作关系对于高校、毕业生和企业而言都具有重要意义，校企合作的意义可以从以下几个方面来说明。

一、对于高校的意义

（一）了解科技发展，避免传授知识的滞后性

面对科学技术的飞速发展，高校必须始终站在知识传授和技能培养的最前沿。只有通过高等院校与企业展开合作，让教师走出课堂，深入企业一线，才能跟上企业技术变革的步伐。要想跟上这些技术变革的步伐，就必须不断完善课程设置，补充教材内容，有效填补学生的理论知识空白，不断提高教学质量，确保培养出与时俱进的一流人才。

（二）了解企业需求，及时调整人才培养方案

社会的不断发展使得企业对毕业生的需求也发生了新的变化，为此，高等院校需要根据这种变化及时调整人才培养计划。只有通过高等院校与企业开展合作，才能及时了解企业不断变化的工作方式和专业要求。根据这些变化，高校可以相应地调整人力资源开发体系和目标，避免高等院校的人力资源开发目标与企业的实际需求不相匹配，确保毕业生能够在毕业之后找到合适的工作。

（三）建立实训基地，培养学生动手实践能力

当前，中国的高等院校仍未能为学生提供充足的实践技能培训，造成这一问题的主要原因之一就是学生缺乏实习机会。因此，很多学生在实践能力和解决问题的能力方面存在不足，从而导致就业困难。然而，在高校

与企业建立长期稳定的合作关系后，高校师生可以经常到企业当中参与实际工作，这是一个培养实践能力的绝佳机会。通过这种方式，教师和学生可以更好地了解企业的工作方法和职业要求，还能有效促进学生的全面发展。

（四）共同研发项目，提高高校的科研能力

高等院校除了对学生进行理论知识传授和培养其实践技能，另一项重要任务就是进行科学研究。科研水平是考量高等院校办学水平的重要决定因素。然而，政府每年向高校提供的科研经费非常有限，这对高校的科研能力和科研水平的提升产生了很大影响。这一问题主要是通过与企业合作开展联合研发项目，并获得企业以科研经费形式提供的支持来解决。

二、对于毕业生的意义

（一）了解岗位要求，制定职业发展规划

传统的高校人才培养模式存在明显的问题：一方面，它在知识传授方面存在滞后性，不能及时适应社会的需求；另一方面，这种模式导致学生对就业岗位缺乏详细了解，没有完整的职业发展规划，甚至有些学生的规划是不切实际的，对他们的发展十分不利。因此，建立校企合作关系非常重要。只有让学生进入企业实习，他们才能了解自己适合哪些岗位，发现自己的不足之处，并规划好未来的职业发展道路，从而有更好的发展前景。

（二）参加企业实习，增加工作经验和就业能力

目前，很多用人单位在招聘时要求应聘者具备一定的工作经验，这给高校毕业生带来了巨大的挑战，而且这种现状在短时间内无法改变。只有通过建立校企合作的模式，让学生在毕业前就能参与实际工作，积累一定

的工作经验，才能有效地弥补他们缺少工作经验的不足，提高他们在求职时的竞争力。

三、对于企业的意义

（一）联合培养，减少人力资源成本

随着企业的发展，企业对人才的需求量也随之增大，但是由于许多高校毕业生往往无法达到用人单位的岗位要求，需要企业在他们上岗前对他们进行二次培训，这样就大大增加了企业的人力资源成本，同时由于现在人才的流动性增大，许多企业在付出了沉重的培训成本之后往往无法获得应有的收益。建立校企合作管理，将企业纳入高校的人才培养体系中，可以使学生在毕业时能够达到企业的岗位需求，从而有效地降低企业的人力资源成本。

（二）资源共享，提高运营效率

企业要想实现更好的发展，就需要大量的人力资源，而高校正是培养企业所需人才的地方，拥有企业所不具备的人力资源。高校与企业之间的合作可以让它们有效利用各自的资源。企业可以将部分工作外包给高校，这样不仅可以使高校筹集到更多的资金，也能提高企业的工作效率。另外，这种合作也是提高学生实践能力的有效措施。

第三节　校企合作的运作机制

一、校企合作运作机制的内涵

校企合作运行机制是从高校教育校企合作运行的角度对校企合作机制

进行研究的。因此，对校企合作运行的界定有助于更好地探析职业教育校企合作运行机制的内涵。

（一）校企合作运行

要准确理解校企合作的运行，首先必须明确什么是合作关系。合作关系是合作主体或成员之间为实现特定目标或利益而建立的一种协议关系。合作关系的建立涉及多个过程，包括合作者之间的初次接触、相互了解、对合作关系的维护及继续或结束合作关系。在校企合作的运行过程中，合作过程是指高校与企业通过开展校企合作，发挥各自应有作用的过程。

（二）校企合作运行机制

运行机制是指影响人类社会运行的各种因素的结构、功能和相互关系，以及这些因素产生影响和发挥作用的过程和原理。在高等教育中，校企合作机制是指校企合作因素的结构、功能和相互关系，以及它们是如何发挥作用的。根据以上对运行机制定义的理解，我们可以从校企合作的组织结构、工作方法、管理制度、评价与监督体系等方面来设计校企合作的工作机制。运行机制有好坏之分，要想实现一定的目标，就必须建立起一系列协调、灵活、有效的运行机制。因此，此处就如何完善现有的校企合作运行机制进行了探讨，并从校企合作建设的基础、合作的制度化、完善评价与监督等方面提出了构建校企合作运行机制的建议。

1. 校企合作组织机构

（1）设立校企合作组织机构的原因分析

校企合作的组织机构是指负责管理高校与企业合作活动的组织。

首先，学校和企业是不同类型的组织，为了开展不同目的的活动，学校和企业建立了不同的内部组织结构，部门职责也不同。

其次，校企合作中企业的需求会随着校企合作的发展而变化。

最后，校企合作是一个开放的、随意的、多变的系统。

这三个方面的影响可能会导致高等院校与企业之间出现信息不对称的问题，从而使校企合作管理更加复杂化。因此，高等院校应通过建立专门的校企合作机构来完善校企合作管理，确保信息及时准确，合作决策精准。

（2）校企合作组织机构的功能分析

校企合作的组织机构功能可以从以下两方面来分析。

一是连接功能。高等院校建立校企合作组织，并通过这些组织与外部企业保持联系，有利于促进高等院校与企业之间的沟通，从而可以及时准确地发现企业需求和行业发展趋势。

二是监督功能。校企合作组织机构除了可以与企业建立长期稳定的联系之外，还可以对校企合作工作进行监督。及时发现和调整校企合作过程中出现的各种问题，能避免产生不必要的成本，保证校企合作的顺利进行。同时，还可以提高校企合作的效率。

2. 校企合作模式

（1）产学研联合实验室模式

产学研联合实验室是学校和企业之间的重要合作模式，它能够实现企业和学校之间的资源共享，达到优势互补的目的。在产学研联合实验室模式下，学校和企业合作共同研发技术，学生可以在实验室中进行实践，企业可以从学校中获得专业技术支持，同时也能够为学校提供一定的经费支持。这种模式不仅有助于提高学生的实践能力和职业素养，也有助于提升企业的技术水平和创新能力。

（2）双聘制模式

双聘制模式是指学校和企业共同聘请一名教授或研究人员来同时服务于学校和企业。通过这种方式，学校能够获得企业实践经验和技术支持，企业则可以从学校获得最新的研究成果和科技进展，从而使双方的合作达到优势互补的效果。这种模式有助于促进学校和企业的深度合作，推动科技创新和人才培养的有机结合。

（3）学生实习模式

学生实习是一种常见的校企合作模式，学生可以在企业中实践所学的理论知识，以提升自己的实践能力和职业素养。在学生实习的过程中，企业可以从学生中寻找到人才，学校也能够了解企业的实际需求，为学生的培养提供实践支持。这种模式有助于提高学生的就业竞争力和适应社会的能力。

（4）技术转移模式

技术转移是指企业将自身技术转移给学校，让学校将技术进行进一步的研究和开发，以提升技术水平和创新能力。技术转移模式能够实现企业和学校的双赢，企业可以获得知识产权收益和技术咨询服务，学校能够提升科研能力和技术水平。这种模式有助于推动科技成果的转化和应用，促进经济社会的发展。

3. 管理制度与评价和监控体系

在研究高校企业合作运行机制时，主要关注的是管理制度建设问题。重点在于从高校校企合作运行自身出发，对具体合作进行规定，以确保高校校企合作有序有效地进行，而不是从政府等外部角度制订规章制度来保证合作的进行。在教师队伍建设、实训基地建设、学生实习管理等校企合作项目中，高校制订实践管理制度，以保证这些项目顺利进行。为此，需要制订和完善学校管理、学生管理、教师管理、经费管理等领域的规章制度。此外，根据校企合作运行机制的概念界定，还需要完善校企合作评价与监控体系。只有对校企合作运行的各个环节进行科学评价和监控，并不断改进合作的运行，才能防止出现偏差，从而保证合作有序进行，促进其发展。因此，校企合作评价与监控体系是保障合作有序进行的手段之一。

二、校企合作运行机制的现实意义

（一）校企合作的相关政策要求

在过去，我国政府对于校企合作机制的要求相对简单，没有对机制的具体建设进行详细阐述。然而，目前政府已经认识到了进行校企合作机制建设的必要性。随着高校教育的不断发展，校企合作实践和经验的增加以及实施中出现的困惑为我国的校企合作政策制订提供了基础和要求。在校企合作政策中，对机制建设的要求和规定也逐渐增多。

2010 年《国家中长期教育改革和发展规划纲要（2010—2020 年）》中提到"提高人才培养质量""增强社会服务能力""更新人才培养观念""创新人才培养模式""提高交流合作水平""建设高素质教师队伍""加大教育投入""完善投入机制"等。相关政策表明，我国政府非常重视校企合作机制建设，并对其作了要求。

（二）校企合作的现实呼唤

尽管我国高度重视校企合作，从国家层面到教育部门甚至是地方教育部门，都在积极引导院校进行相关的校企合作实践，并将其作为教育政策的重点明确提出，这为我国的校企合作提供了框架。然而，从校企合作的政策规定来看，我国政府对校企合作的两个主体——高校和企业都提出了要求，并对双方在校企合作过程中应承担的项目进行了说明。但是，并没有制订强制性的措施要求高校和企业必须参与校企合作，对高校和企业参与校企合作的奖励性措施和未参与的惩罚性规定也相对较少，主要依靠企业和高校的自觉性。

当谈到企业的社会责任时，我们往往会想到环境保护、劳工保护、消费者健康、慈善公益及资源利用效率的提高等方面，很少提及企业在教育方面应承担的责任。在我国，教育和企业是社会系统中两个不同的子系统，并且长期以来处于分离状态。

提及教育，人们通常会想到学校，因为教育被视为学校的责任和义务。然而，当前存在着"技工荒"问题，导致企业对参与职业教育的意愿增强。尽管如此，我国劳动力市场仍然处于买方市场，并且受上述因素的影响，企业参与教育的自主性仍有待加强。作为追求盈利的企业，尽管他们是高校教育培养的技能型和技术型人才的主要使用者，但由于直接利益和眼前利益的驱动，他们更关注人力资源培养的结果而非过程。他们需要的是能立即上岗的人才，而不是培养的学生，因此他们将参与校企合作视为负担。另一个导致企业参与校企合作积极性不高的原因是高校毕业生可以在各个企业间自由流动，这使得企业认为投资教育存在风险，可能会为其他企业培养劳动力。此外，尽管企业参与校企合作可以享受一定的税收优惠政策，但这些优惠力度并不明显，这也导致了企业参与职业教育校企合作的积极性不高。

在我国，校企合作的主体是高校和企业，政府是主要的外部参与者，通过行政手段、政策和税收等方式参与校企合作。然而，上述分析表明，我国的校企合作政策规定比较模糊，企业参与校企合作的积极性也不高，导致这些问题不可能在短期内得到解决。因此，从高校这一主体入手，尽可能地完善校企合作是当前环境下可以采取的措施。下面我们将主要从高校自身出发，研究学校层面的校企合作运行机制问题。同时，这也是高校自身校企合作现状对校企合作运行机制建设的现实要求。

（三）高校自身存在校企合作运行问题

在校企合作政策的指导下，高校进行了实践探索，但在具体实施过程中仍存在一些问题，这些问题对高校校企合作机制的建设提出了迫切要求。

1. 校企合作观念有待转变

在"校企合作就是为了就业"这一观念的引导下，部分高校出现了侥幸心理，对校企合作缺乏积极性。高校在校企合作中遇到问题时，往往归咎于政府未出台相关政策和法规，以及企业参与教育的积极性不高，同时也认为校企合作机制不完善，却没有从自身找原因。在考虑解决方案时，他们寄希望于政府制订相关政策法规来支持，而不是直接面对当前问题寻找相应的解决方案，这非但不能解决问题，反而可能使问题进一步扩大，从而不利于校企合作发挥出应有的效果。

这一问题在教师身上也表现得很明显。长期以来，高校对教师的考评主要集中在科研和教学方面，而没有将校企合作的绩效纳入教师考核体系中。部分教师认为校企合作是学校领导的事情，与教师关系不大，因此存在着"多一事不如少一事"的心理，导致教师参与校企合作的积极性不高。尽管一直强调培养"双师型"教师，但对"双师型"教师资格的认定缺乏统一的标准，考核方法也不合理。例如，有的高校要求教师利用暑假时间到企业锻炼，考核办法仅仅是填写一张表格并让企业盖章。有的教师只是匆匆到企业转了一圈，然后自己填写表格并盖上企业公章，就算完成任务了。

2. 高校校企合作能力有待提高

高校在校企合作方面缺乏足够的教学改革力度，包括专业设置、课程改革、师资队伍建设和学生管理方面都相对滞后。有些高校在校企合作中过于注重招生，忽视了教学，特别是专业实训教学，也没有重视实习实训设施的建设。此外，有些高校在校企合作中很少对企业需求进行充分调研，对企业的实际需求考虑不多。

高校的优势在于充分利用师资、教学资源和科研条件等高质量资源来培养人才。然而，就总体而言，高校的优势资源并不强大，特别是在新技术、新产品研发能力和生产性设备方面存在不足。教师的科研能力和技术服务能力仍有提升空间。企业参与校企合作的目的之一是给企业员工提供培训并解决技术难题，但教师在这方面相对较弱，难以为企业提供有效的服务，从而影响了校企合作的效果。在校企合作过程中，高校未能充分发挥自身优势，因此需要进一步加强校企合作能力。

3. 校企合作层次较浅，流于形式

根据校企合作深度的差异，可以将校企合作分为浅层次合作、中层次合作和深层次合作三个层次。目前，我国高校的校企合作主要集中在浅层次和中层次合作上。浅层次合作指高校根据企业需求来设定专业方向，并在企业内建立学生实习实训基地，成立专家指导委员会和实习指导委员会等相关协调机构，其中包括行业和企业的专家。这些专家指导委员会由企业知名专家组成，制订实施可行的人才培养计划，以满足企业的人才需求。浅层次和中层次的校企合作在一定程度上有助于学生掌握知识和技能，挖掘学生的潜力，增强学生的职业意识，提高学生的实践能力和综合素质，并在一定程度上能够满足企业对高校学生的要求。然而，就校企合作关系而言，浅层次的合作关系难以长久地维持下去，容易变得形式化。

在校企合作中，形式主义主要体现在以下两个方面。

首先，一些院校只注重合作协议的签订数量，而忽视了合作的质量。为了响应国家号召，一些院校费尽心思与企业签订了大量的校企合作协议，这些企业在形式上成为院校的校外实训基地，对于高校和企业来说都是好事。然而，大多数高校将这些实训基地仅视为给学生提供实习和实训的场所，缺乏对合作过程的有效管理，因此很难实现良好的合作效果。

其次，为了应对上级主管部门的考核，或者为了完成学校分配的项目，一些高校利用自己的社会关系与熟识的企业签订了较为笼统、缺乏操作性的校企合作协议。这些协议往往只有名义上的合作关系，实际上并没有实质性的内容。

三、校企合作运行机制建构的依据

（一）坚持教育性原则

"教育性"的概念源自 19 世纪德国教育家赫尔巴特在其著作《普通教育学》中明确提出的"教育性教学"这一理论。他认为"教学如果没有进行道德的教育，只是一种没有目的的手段。道德教育如果没有教学，则是一种失去了手段的目的。"[①]赫尔巴特强调培养人的德行作为教育目的的重要性，并认为教学必须具备德行的教育意义，即所谓的"教育性教学"。因此，对教学具有教育性的理解和认识，关键在于对"教育"这一概念的理解和把握。

教育的本质在于培养全面发展的人，校企合作是高校一种办学模式，也是一种教育行为。结合赫尔巴特的教育理念，本书认为高校教育的教育性可理解为：从事高校教育的教育工作者不仅要有意识地给受教育者传授知识和培养职业技能，还应承担培养受教育者通用能力的责任。作为教育系统的重要组成部分，我国的高校与普通教育不同，它是一种专门的教育，专注于专业教育。高校与企业开展校企合作的原因之一是为了实现教育目标，即人才的培养。因此，在校企合作的过程中，应坚持教育性原则，以防止仅仅通过技能训练来取代教育。单纯的技能训练活动不能培养人，只会使学生变成工具，仅能适应短期、单向的职业需求，不利于学生适应未来职业发展的需求和实现学生的全面发展。

要想在校企合作过程中发挥教育性功能，就需要高素质、高水平的高校师资队伍的参与。教师们需要具备广博的科学知识和强大的实践能力，同时还要具备高尚的品德以及培养人的意识和能力。因此，高校参与校企合作时应坚持教育性原则，并重视高校师资队伍的建设和培养。

---

① 于兰. 躬耕笃行 潜心育人 [M]. 大连：大连出版社，2021.

（二）遵循市场规律

高校教育是一种紧密联系社会经济发展的教育形式，在市场经济环境下，必然需要与市场环境相契合。高校毕业生和企业所生产的商品具有某种共性，他们既需要适应市场需求，同时也有自身的特殊性。毕业生不同于物质资源商品，他们是有创造价值的人力资源。因此，毕业生是否符合市场需求，以及他们是否能为企业创造价值，会直接关系到毕业生个人的发展及高校商务英语专业的生存状况和未来发展前景。为此，高校在办学过程中应坚持市场导向的原则。

为使校企合作发挥出最佳效果，高校必须遵循市场规律，校企合作的另一个主体是企业。由于我国校企合作政策和法规的不完善，企业的成熟度不高，以及缺乏企业参与教育的历史传统等，导致企业对校企合作的热情并不高。而高校在寻求企业合作的过程中面临着很大的风险，并且承担了很多校企合作项目，负担较重。校企合作的动因是双方资源的互补性利用，因此，企业在利用高校的设备和学生的同时，高校也需要充分利用企业的资源，就像做生意一样，在投资的同时，也需要考虑一定的回报，只有这样合作关系才能持久，合作质量才能得到提高。

（三）注重质量的原则

高校注重质量的原则主要分为高校自身质量和校企合作质量两个方面，从高校的角度来看，高校的自身质量会直接影响校企合作的质量。近年来，我国的教育水平迅速提升，但一些高校却面临着生存和发展的困境。除了外部因素，如社会历史传统等，高校自身质量不高也是主要的影响因素之一。为了摆脱困境，高校必须提高教育质量。高校自身的校企合作能力不强也是导致校企合作出现问题的原因之一。高校毕业生在社会上的影响会直接影响到高校的社会地位，而高校自身的质量是影响毕业生能力的关键因素。因此，提升高校自身质量有助于提高其社会地位，进而吸引企业并与之建立合作关系。

高校注重校企合作质量的原则不仅体现在教学层面、管理质量等微观层面上，还要求高校在宏观上将校企合作提升到一定的层次。高校不应该盲目与企业合作，也不应该仅为了达到利益目标而与企业合作，而是要合理开发和运用高校自身与企业中可利用的教育教学资源，提升为学生、企业和社会的服务质量。高校在与企业合作的过程中，应注意保持自身的优势资源并加以发展巩固，这有利于与企业建立长期的合作关系。

高校自身的质量是建立和保持校企合作的关键，校企合作的质量是保障校企合作长期进行的重要因素。高校在与企业合作时，应避免片面追求合作企业的数量、合作规模和速度等短视行为，而更应关注合作的质量。遵循质量性原则要求高校在构建校企合作运行机制时注重自身功能的完善和质量的提升。

第二章
商务英语语言特征

本章为商务英语语言特征，主要介绍了四个方面的内容，依次是商务英语的词汇特征、商务英语的句法特征、商务英语的语篇特征、商务英语的修辞特征。

第一节　商务英语的词汇特征

词汇是构建当代商务英语大厦的砖石，了解商务英语的词汇特征是正确运用商务英语的前提。现代英语中具有广泛且多义的词汇，其中包含了许多词语、多种词类、多种意义、多种用法。商务英语具备普通英语的语言学特征，同时又结合了英语语言、商务知识、管理技能和其他专业知识，因此具有独特性。在词汇使用方面，商务英语词汇具有专业术语丰富、缩略语使用广泛、名词化程度高、新词汇多样等特点。在商务翻译过程中，必须考虑到商务英语词汇的这些特点。

随着外向型经济的发展，我国在更大程度上与国际接轨，并参与国际合作与竞争。因此，商务专业英语在商务领域的实际应用也越来越广泛。商务英语是一种以职业为目的的英语，需要参与者用英语来完成所有或部分的工作职责，具有较强的实用性、知识性和专业性。作为一种社团方言的商务语言，其专业词汇数量大，应用范围广。其词语体系主要是由商务专业术语、商务工作常用词语和民族共同语中的其他基本词和非基本词构成。其中的商务术语是商务语言词汇体系中重要的组成部分。

一、多用数字、日期及意义单一的词

当代国际商务活动常常涉及价格、时间、金额、数量、规格等信息。为了表达准确、清晰，商务英语中常使用数字、日期等，以保障商务事宜的顺利进行。

例如：Within 30 days after the signing and coming into effect of this contract the Buyer shall proceed to pay the price for the goods to the Seller by opening an irrevocable L/C for the full amount of USD 30,000 in favor of the seller through a bank at export port.

译文：在本合同签署和生效后 30 天内，买方应通过出口口岸的银行开立以卖方为受益人的不可撤销信用证，全额支付货款 30 000 美元。

The first phase of domestic air freight village, which covers an area of about 40,000 square meters, has a yearly handing capacity of 500,000 tons.

译文：国内航空货运站第一期占地约 4 万平方米，年吞吐量达 50 万吨。

Europe's biggest information technology services firm Atos Origin aims to quadruple its business in China over the next two years.

译文：欧洲最大的信息服务公司 Atos Origin 计划在未来两年将其在中国的业务增加四倍。

商务英语词汇应体现规范、准确、专业的特点，因此商务英语常使用意义单一的词汇，以有效避免表达上的歧义与误解。

在表达一些统一的概念意义时，商务英语词汇与普通英语词汇相比，也体现出了具体、准确的特征。

二、专业术语丰富

商务英语属于一门实用性强的语言学科，它与国际贸易、市场营销、金融、广告、物流、保险和法律等多个领域密切相关。商务英语不仅包含各个领域的专业术语，还涵盖这些领域的相关知识。专业术语指的是适用于各个学科领域或专业的词汇，它们用于准确传达科学的概念，具有丰富的内涵和外延。专业术语必须具备单一含义，排除多义性和歧义性，并且在使用这些术语时，词汇必须保持固定，不得随意更改。商务英语拥有数量可观的专业术语，这些术语体现了明显的行业知识。如国际贸易方面的：Free on Board（离岸价）、Standby Letter of Credit（备用信用证）、Letter of Guarantee（银行保函）；经济学方面的：Demand Curve（需求曲线）、Bond Yield（债券收益）、Comparative Advantage（比较优势）；金融方面的：Fiscal Deficit（财政赤字）、Contract Curve（契约曲线）；营销方面的：Attitude Tests（态度测试）、Market Share（市场份额）、After Sales Service（售后服务）；保险方面的：Absolute Liability（绝对责任）、Force Majeure（不可抗力）、Risk of Breakage（破碎险）；广告方面的：Appeal（诉求广告）、Audience Share（受众份额）、Media Mix（媒介组合）等。随着社会的不断进步和国际交往的不断加强，我国的金融业势必会进一步完善和发展。在这个过程中，我们不可避免地会需要借鉴先进国家的发展经验，并采用其他国家金融工作中使用的一些术语，特别是国际交往中通用的金融术语，如"破产""法人""熊市""牛市"等。由此可以看出，在商务英语中，术语的使用非常频繁，有些术语仅出现在特定的商务文体中，还有很多术语是普通词汇，在商务文体中具有专用含义，而且在不同的商务场合有不同的含义。因此，在翻译时，我们需要根据具体的语境来理解术语的特定含义，并结合一定的商务知识，灵活选择合适的汉语词汇来表达。

三、多用模糊修辞

模糊修辞并不是指词汇意义模棱两可或具有歧义，而是一种特殊的选词方法。模糊修辞的运用没有明显的目的性，这有利于表达弦外之音，缓解双方的尴尬从而为商务洽谈留下可回旋的余地。

例句：What you mentioned in your letter in connection with the question of agency has had our attention and we shall give this matter careful consideration and shall revert to it later on.

译文：你在信中提到的与代理问题有关的内容已引起我们的注意，我们将仔细考虑此事，稍后再讨论。

本例中的 has had our attention（予以注意），shall give this matter careful consideration（将予以认真考虑）和 revert tot later on（以后再谈）均属于模糊修辞。这种表达方式既没有明确同意，也没有明确拒绝，而是巧妙地将现在难以回答的问题推脱掉，一方面有利于对方接受，另一方面也为后续的合作打好了基础。

例句：As for goods Article No.120，we are not able to make you orders because another supplier is offering us the similar quality at a lower price.

译文：关于第 120 号货物，由于另一家供应商正在以更低的价格向我们提供类似质量的货物，我们无法向你方订货。

若直接点明对方价格偏高，很可能使对方难以接受。本例婉转地使用 another supplier（另一供货商）来向对方暗示自己的态度，从而避免了尴尬局面的出现。

四、缩略语现象普遍

英语缩略（语）是一种简化复杂含义的英语表达方式，具有简洁明了、快速高效的特点。随着电报、电话和电传等的发明，国际商务活动得到了迅速发展，跨越国界的双方需要通过电话交谈、发送电文等方式进行沟通，因此要求所用的语言简洁明了、易于记忆和记录。尤其是在全球经济一体化的今天，为了节省时间和成本，提高工作效率，人们在交际中越来越倾向于使用简洁明了的表达方式。因此，在商务领域，人们创造和使用了大量的缩略语。例如，IMF（International Monetary Fund）"国际货币基金组织"；ADB（Asia Developing Bank）"亚洲发展银行"；SHIPMT（shipment）"装运、装船"；MEMO（memorandum）"备忘录"；pro（professional）"专业人员"等。商务英语缩略语的构词方法很多，其简化方式概括起来主要有如下几种。

（一）首写字母构成的缩略语

这种缩写法通常由大写字母构成，字母之间可以有缩写号，也可以没有。这是一种常见的缩写法，通常用于缩写专有名词，如组织名称、票据名称、作品名称、说明书和价格术语。一般按照字母的发音来读取缩写词。例如，NIC（National Information Centre）国家信息中心；ISP（Internet Service Provider）网络服务商；BE/B.E.（Bill of Exchange）汇票、交换券、国外汇票；EMP（European Main Port）欧洲主要港口。

（二）谐音缩略法

谐音缩略法是根据单词的发音，用一个或多个字母来替代，利用同音或近音字母来构成缩写词。这种缩写法常用于单音词和少数双音节词，将它们转化为同音字母的缩写词，按照拼音或字母音来读取。常见的有：BIZ（business）商业、业务、交易、生意；R（are）是（或助动词）；U（you）你；UR（your）你的；WUD（would）会、情愿；THRU（through）通过、经过。

（三）截词缩略法

截词缩略法是通过截取其中一部分原词来构成缩略语，这是最常用的缩略语构词方法之一，截词缩略法可以具体分为以下几种情况。

第一，保留字首、去掉后缀来缩写。即一个单词，只保留头几个字母，去掉后面的字母。如果是词组，则取各个单词的头一个或几个字母组成缩略语，如 BAL（Balance）余额、INV（Invoice）发票、ASAP（as soon as possible）尽快、AKA（as known as）正如你所知。

第二，取单词的首尾字母，去掉其中间部分组成缩略语。即去中间，留两头，如 AMT（amount）数量、FRT（Freight）货运、LN（London）伦敦。

第三，取合成词的两部分中的第一部分。如 Micro（micro computer）微型计算机、Post（post code）邮政编码。

第四，取几个词的首部组合而成。如 INCOTERMS（International Commercial Terms）国际贸易术语解释通则、Nabisco（National Biscuit Company）美国饼干公司。

第五，以辅音为核心组成缩写词。以辅音为核心构成的缩写词（并列的两个相同的辅音字母只用一个），这类缩写法主要用于单词的缩写。它包括利用所有的辅音字母构成缩写词；利用词首的元音字母和其后所有的辅音字母构成缩写词；利用单词的第一音节和第二音节的第一辅音字母构成缩写词；利用第一和第二音节及第三音节的第一辅音字母构成缩写词；利用第一音节和其后所有的辅音字母或部分重要的辅音字母构成缩写词；利用单词首尾两个辅音字母构成缩写词；利用每个音节的第一辅音字母及该词的最后一个辅音字母构成缩写词等。这类缩写词可用大写字母，也可用小写字母，或用大写字母带出小写字母，一般按字母读音，也可拼读。如 MKT（market）市场；PCS（pieces）匹、件、块、片、张、部分；PLS（please）请；ACDNT（accident）事故、意外事故。

（四）符号缩略法

符号缩略法是指用符号来代替相应单词的方式，这种方法形象简洁、一目了然，运用也十分广泛。这类缩略语通常用于表示单位，如货币单位 $（dollar）/f（pound）/Y（RMB）。

（五）代号缩略法

代号缩略语找不到原词的痕迹，它们实际上是一种代号，如 C（medium narrow）中号窄幅—男鞋宽度、F（with free-board）限制吃水的—海运、Z（Greenwich Mean Time）格林尼治平均时。

（六）利用外来语构成缩略语

外来语的缩略语在英语中也有很广泛的应用。在英语中，借用外来语的缩略语有拉丁语、西班牙语、瑞典语、挪威语、法语、德语等语种，如 CONG（Congius）加仑（拉丁语）、FIL（Feira Internacionalde Lisboa）里斯本国际博览会（葡萄牙语）。商务英语缩略语和自然词交织在一起使用，和普通英语词汇一样，缩略语具有同等的句法功能，但习惯上不用作谓语。

五、具有商务内涵的普通词

不少普通的词语在商务英语中被赋予了专业词汇的意义，例如，Proposal Form，在日常英语中"Proposal"意为"提议、提案"，在保险英语中被引申为"投保单"；"Policy"在日常英语中的中心意义是"政策、方针"，但作为保险专业词汇时意为"保单"；"Pool"由"池塘"转义为"组合基金"，"Common Pool"意为"共同基金"。

此外，在商务合同中，一些表示通常意义的词也可能具有非常意义。如表 2-1-1 所示，是一些具有通常意义的词在商务合同中的意义表示。

表 2-1-1　商务内涵的普通词

	通常的意义	商务合同中的意义
Action	行动	诉讼
Alienation	疏远	转让

续表

	通常的意义	商务合同中的意义
Assign	分派	转让
Avoidance	逃避	宣告无效
Subject Matter	主题	标的物
Specialty	专长	盖印合同
Satisfaction	满意	清偿，补偿
Prejudice	偏见	损害
Omission	省略	不作为、不行为
Limitation	限制	时效
Execution	执行	（合同等）签订
Distress	危难	扣押货物
Dishonor	耻辱	拒付
Discovery	发现	调查证据
Determination	确定	终止
Defense	防卫	抗辩（理由）、被告方
Construction	建筑	解释

对于这类词语，在翻译时必须特别关注。

例句： The compensation will cover the whole loss.

译文： 此项赔款足以抵消全部损失。

该句的"cover"在普通英语中表示"覆盖、包括"等含义，而在商务英语中则表示"清偿、抵消"之意。

例句： When opening new accounts it is our practice to ask customers for trade references.

译文： 在开立新账户时，敝公司有一例行公事，即向客户要求商业证明人。

上句中的"references"在普通英语中作"关于、参考"解释，但在商务英语中指"信用、能力等的证明人"。

例句： We have to request you to do business on the basis of confirmed， irrevocable L/C payable at sight.

译文：我方不得不要求你方在保兑的、不可撤销的即期信用证的基础上进行这笔交易。

这里的"confirmed"和"at sight"在普通英语中的意思分别为"确认"和"看见"，但在商务英语中却有着特殊的含义。在此句中，分别指"保兑的"和"即期的"。

六、新词汇层出不穷

近年来，社会的发展脚步逐渐加快，新生事物层出不穷。为了满足表达的需要，新词新语不断涌现并逐渐渗透到语言的各个领域。商务英语也必然会将这些新的词汇吸收进来，以使自己的表达更加丰富、准确。

如表 2-1-2 所示，这些新词汇要注意。

表 2-1-2　需要注意的新词汇

B2B（Business to Business）	商业机构对商业机构的电子商务
C2C（Consumer to Consumer）	消费者之间的网上交易
Credit-Crunching	紧缩信贷
Deflation	通货收缩
E-business	电子商务
Euro	欧元
Knowledge-Based Economy	知识经济
Pink-Collar Worker	粉领
Rebuilding of Stocks	吃进库存
Soft-Landing	（经济）软着陆

需要注意的是，任何一种语言中的新词汇都不是凭空而来的，很多都是以普通词汇为基础并遵循一定规律而构成的。因此，在理解这些新词汇时，必须考虑具体的语境因素。

例句：Our company has a clean balance sheet and is confident the bank will approve a loan.

译文：我们公司的资产负债表上没有债务，相信能获得银行的贷款。

本例中，"clean"的本义是"干净的"，但在本句中其具体含义为"没有债务"。

第二节　商务英语的句法特征

一、商务英语的表述

与日常英语相比，商务英语强调表达的准确性和严谨性，其突出的特点是客观、公正，没有任何主观色彩。因此，人称代词作为句子主语的使用频率较低，而被动语态的使用频率较高。人称代词的缺失突出了文本的内容，而不是强调文本的制作者或接收者，从而避免了主观判断的影响，有利于使文本以更加客观、正式和真实可信的方式呈现出来。

例句：Business contracts can be classified according to their validity into several categories: valid, void, avoidable or illegal.

译文：商务合同按照其效力不同可以分为几种：有效的、无效的、可撤销的、违法的。

同时，在没有具体个人执行动作或重点是动作本身而非执行者的情况下，将动词转换为抽象名词，体现了商务合同英语庄重、严谨的写作风格。名词化既能增强语言的简洁性、结构的严密性和表达的简明性，又能保证文章的客观性和真实性。因此，名词化的使用越来越广泛，取代了其他词类，也取代了许多语法结构。

例句：Smuggling of goods whose import or export are subject to prohibitions, which constitutes criminal of fences shall be subject to.

译文：走私禁止进出口的货物，构成违法犯罪的，要依法追究刑事责任。

汉语属于意和语言，重视内在的逻辑关系，而不是复杂的形式变化，这表现在它倾向于使用被动语态。在大多数情况下，汉语依靠主动句的语义逻辑来表达被动意义。按照中国人的思维模式，即使受事者成为主语，也往往用主动形式来表达被动意义。例如，"项目做好了""合同完成了"。由于汉语中不经常使用被动结构，所以在翻译商务文本时，应注意保持英语中被动结构所体现的礼貌、委婉、严谨的语言特点，以传达出被动语态的语用功能。

例句： Your firm has been recommended to me by Mr Charles，with whom we have done business for many years.

译文： 与敝公司有多年生意来往的查尔斯先生向在下推荐了贵公司。

例句： Your early reply will be highly appreciated.

译文： 如蒙早复，不胜感激。

例句： The workers have been given a clear mandate for industrial action over the renegotiation of employment contracts.

译文： 工人们得到了明确授权，准许他们围绕就业合同重开谈判采取行动。

例句： After the said license is approved，we shall establish an L/C in your favor.

译文： 许可证获准后，即开立以你方为受益人的信用证。

二、商务英语基本句型

商务英语基本句型是对英语语言中的句子，通过特定的研究方法进行概括后所得到的模式。这些模式是语言使用者普遍使用，并可以作为规则加以习得，然后通过对这些有限的基本句型直接生成或进行转换、扩展，来产生各种不同结构的句子，从而达到交流的目的。商务英语句型结构是以动词为核心，通过词与词之间的关系组合来生成不同的类型。

（一）商务英语简单句

只包括一个独立分句的句子就是简单句，换句话说，简单句里只包含一个"主语"与"谓语"的组合，即一套主谓结构。根据动词与搭配关系的不同，商务英语简单句又可以被细分为五种：主谓结构、系表结构、主谓宾结构、主谓双宾结构、主谓宾宾补结构。

1. 主谓结构

主谓结构的框架是：Subject（主语）+Intransitive Verb（不及物动词）。在主谓结构的简单句中，谓语常与一些副词、副词短语或介词短语搭配在一起且不能带宾语。

2. 系表结构

系表结构的框架是：Subject（主语）+Link Verb（系动词）+Subject Complement（主语补语）。在系表结构的简单句中，主语补语又称"表语"，具体来说，介词短语、形容词、名词、动词不定式或分词等都可以充当表语。

例句：Among the developing regions，East and South Asia were clearly the most successful in increasing exports（by volume），at rate of about 160 percent，despite a deterioration in their terms of trade.

译文：在发展中地区，东亚和南亚的出口（按数量计算）增长最为成功，增长率约为160%，尽管它们的贸易条件有所恶化。

本例中，East and South Asia 是主语，were 是系动词，the most successful 是主语补语。

3. 主谓宾结构

主谓宾结构的框架是：Subject（主语）+Monotransitive Verb（单宾动

词）＋Object（宾语）。本句型的谓语动词是及物动词或动词短语，宾语是动作的承受者或结果。能做宾语的有：名词、代词、动名词、动词不定式或从句等。

例句：IT systems and administration，and the resulting synergies and economies of scale will produce cost savings；strengthen the financial position of the integrated market operator.

译文：信息技术系统和管理，以及由此产生的协同效应和规模经济，将节省成本加强综合市场运营商的财务状况。

本例中，IT systems and administration，and the resulting synergies and economies of scale 是主语，第一个单宾动词 will produce 后面跟 cost savings 做宾语，第二个单宾动词（will）strengthen 后面跟 position 做宾语。

4. 主谓双宾结构

主谓双宾结构的框架是：Subject（主语）＋Ditransitive Verb（双宾动词）＋Indirect Object（间接宾语）＋Direct Object（直接宾语）。在主谓双宾结构的简单句中，宾语有两个：一个是直接宾语，另一个是间接宾语，二者缺一不可。需要注意的是，直接宾语有时可以位于间接宾语之前，此时在间接宾语前应使用相应的介词。

5. 主谓宾宾补结构

主谓宾宾补结构的框架是：Subject（主语）＋Complex Transitive Verb（复合动词）＋Object（宾语）＋Object Complement（宾语补语）。在主谓宾宾补结构的简单句中，宾语与宾语补语之间存在一种逻辑上的主谓关系。

（二）商务英语并列句

英语的并列句主要由并列连词 and、but、or、than 等把两个或两个以上的简单句连接起来的句子，各分句之间是一种平行或并列关系。概括来说，商务英语并列句包括三个类别：表示关联的并列句、表示列举的并列句、表示让步和结果的并列句。

1. 表示关联的并列句

表示关联的并列句通常由 and、either...or...、nether...nor...并列连词将两个或两个以上的分句连接在一起。

例句： In 2008，China's total export volume of juice beverage decreased to 794,000 tons and the export value reached USD 1.26 billion，dropping by 30.4%YOY and7%YOY separately.

译文： 2008 年，中国果汁饮料出口总量降至 79.4 万吨，出口额 12.6 亿美元，同比分别下降 30.4%和 7%。

2. 表示列举的并列句

表示列举的并列句通常由 namely、that is、such as、for example、for in stance 等词组来进行列举。

例句： Apart from the products of several enterprises such as Huiyuan，Coca-Cola and Pepsi that sell well all over China，most other enterprises can only sell their products in regional markets.

译文： 除了汇源、可口可乐、百事可乐等几家企业的产品畅销全国外，其他大多数企业的产品只能在区域市场销售。

3. 表示让步和结果的并列句

表示让步和结果的并列句常使用 yet、but、hence、however、therefore、consequently 等连接词。从语义角度来分析，后面的分句是前面分句的某种结果，或者分句之间存在一定的语义冲突。

（三）商务英语复合句

复合句是由主句＋从句构成，它是英语中比较复杂的句子结构。一般来说，在英语中，一个句子只能有一个主谓结构或动宾结构，如果出现两个主谓结构或动宾结构，那么其中一个主谓结构或动宾结构只能是以从句或并列句或分词短语的形式出现。所谓从句是指从属于主句的句子，是主句中一个句子成分；另外从句必须由引导词，即关系代词或关系副词引导。概括来说，商务英语复合句中的从句主要包括三种：名词性从句、定语从句和状语从句。

1. 名词性从句

宾语从句、表语从句、主语从句、同位语从句等都属于名词性从句。一般来说，名词性从句由疑问代词（如 what、that、who 等）和疑问副词（如 where、when、how、why 等）来引导。在某些情况下，if、whether 等连接词也可以用来引导名词性从句。

例句：The Committee members discussed the issue of uses of balance of payments statistics in their various countries and suggested that further work be undertaken by IMF.

译文：委员会成员讨论了各国使用国际收支统计数据的问题，并建议货币基金组织开展进一步工作。

本例中，The Committee members discussed... and suggested...是主句，that further work be undertaken by IMF 是 suggested 的宾语从句。

2. 定语从句

当一个句子在复合句中作定语时，这个句子就是定语从句。定语从句常由 which、that、whose、who、whom、where、when、why 等来引导，其中，which 与 that 定语从句所修饰的词叫先行词。根据定语从句与先行词之间亲疏关系的不同，定语从句可以分为限制性定语从句和非限制性定语从句。

（1）限制性定语从句

限制性定语从句对所修饰的先行词起限制作用，与先行词的关系较为密切。换句话说，如果缺少定语从句，主句的意思就不完整或者会出现逻辑错误。因此，限制性定语从句应紧跟先行词，二者之间不能使用逗号。

例句：The purpose of the Joint Venture is to adopt advanced technologies and efficient management systems to produce Licensed Product which shall be of top quality and competitive in the world markets，so as to achieve satisfactory economic returns.

译文：合资公司的宗旨是采用先进的技术和有效的管理制度，生产质量上乘、在世界市场上具有竞争力的许可产品，以获得令人满意的经济回报。

（2）非限制性定语从句

非限制性定语从句对先行词不起限制作用，只是对被修饰语加以叙述或解释，通常用逗号隔开。将非限制性定语从句删除后，主句的意义几乎不受影响。因此，非限制性定语从句与先行词之间常通过逗号进行分隔。

3. 状语从句

当一个句子在复合句中做状语时，这个句子就是状语从句。具体来说商务英语中的状语从句主要包括条件状语从句、时间状语从句、原因状语从句、目的状语从句、让步状语从句、结果状语从句等。

（1）条件状语从句

条件状语从句是表示主句动词发生的前提或条件的从句，条件状语从句分为真实条件状语从句和非真实条件状语从句。引导条件状语从句的有if（如果）、unless（如果不）、as（so）long as（只要）、on condition that（条件是）、in ease（假使）、provided/providing that（如果、只要、假如）、suppose/supposing that（如果、只要、假如）等。

例句：If any change is required regarding the terms and conditions of this agreement，then both parties shall negotiate in order to find a suitable solution，provided，however，that any change of this agreement shall be subject to the approval by the government of both parties.

译文：如需修改本协议的条款和条件，双方应进行谈判，以找到合适的解决方案，但本协议的任何修改均须得到双方政府的批准。

（2）时间状语从句

时间状语从句常由一些表示时间的连词如 when、before、after、as、while、since、until 等引导，用来对某一动作发生的时间进行描述。

例句：After we trove checked the L/C carefully，we request you to make the following amendment："Partial Shipment and Transshipment Allowed."

译文：在我们仔细检查了信用证后，我们要求你方修改如下："允许分批装运和转运。"

（3）原因状语从句

原因状语从句常由 because、since、as、for 等表示原因的连词来引导，用来说明主句表达的内容的理由与依据，或说明主句动词所表示的动作或状态的原因。

例句：Because small foreign cars could be produced at less cost than the larger cars made in the United States，they captured a significant share of the American market. To compete with foreign cars，American manufacturers began to produce compacts. When the U.S. dollar was devalued on the international market the cost of a foreign car to an American buyer rose proportionately，and the American compacts could now be sold for less than their foreign competitors.

译文：由于小型外国汽车的生产成本比美国制造的大型汽车低，因此它们在美国市场占有很大的份额。为了与外国汽车竞争，美国制造商开始生产紧凑型汽车。当美元在国际市场上贬值时，美国买家购买外国汽车的成本成比例上升，而美国汽车现在的售价可能低于外国竞争对手。

（4）目的状语从句

目的状语从句常由 so that、in order that、to the end that 等来引导，用来说明主句状态或动作的目的。

例句：An effective management will review on a regular basis whether they should continue to hold the security or sell it. Thus，in order that management's performance can be measured，it is appropriate to classify the security as other investment regardless of the period of holding and carry it at fair value in accordance with paragraph 24.

译文：有效的管理层将定期审查是否应继续持有或出售该证券，因此，为了衡量管理层的业绩，无论持有期限如何，都应将该证券归类为其他投资，并按照第 24 段的规定以公允价值计量。

（5）让步状语从句

让步状语从句表示在某种相反的条件下，主句中的情况依然会出现。引导让步状语从句的有 although/though（虽然）、while/as（尽管）、even if though（即使）、whatever/no matter what（无论什么）、whenever/no matter when（无论什么时候）、however/no matter how（无论怎样）、wherever/no matter where（无论在哪里）、whoever/no matter who（无论是谁）、whichever/no matter which（无论哪一个）、whether...or（不论……还是）等。

（6）结果状语从句

结果状语从句常由 so that、with the result that 等引导，用来表示主句内容所产生的结果。

三、商务英语特殊句型

商务英语中的特殊句型主要包括比较句型、被动句型和存在句型。这些特殊句型具有表达简练、适用面广、使用频率高的特点。

（一）比较句型

比较结构表示两人或两物在性质、特征、程度、数量、大小等方面相等、不同等的概念。在国际商务实践中，运费比较、价格比较、产品质量比较以及其他数据的比较等是司空见惯的现象，因此比较句型常出现在商务英语中。根据比较点、比较范围、比较方式等方面的差异，商务英语中的比较句型可以分为五种：等比句型、差比句型、比例句型、对立比较句型和极比句型。

1. 等比句型

等比句型常通过 as much as、no less than 等来比较人或物在性质、特征等方面的某些相似之处。

例句：Meanwhile，Thai newspapers reported yesterday that HSBC will buy 75 percent of Bangkok Metropolitan Bank for as much as 40 billion baht（HK S8.03billion）.

GREGATE CONSIDERATION Term Fat has represented and warranted that the audited consolidated net asset value of Term Fat Hing Fung（B.Ⅵ.）Limited as at 3lst December, 1997 ("December NAV") will be no less than HK $56,000,000. In the event that the December NAV is less than HK $56,000,000, Term Fat will refund to RNA an amount equal to the shortfall as an adjustment to the consideration.

译文：与此同时，泰国报纸昨天报道称，汇丰银行将以高达 400 亿泰铢（80.3 亿港元）的价格收购曼谷大都会银行 75%的股份。

GREGATE 对价 Term Fat 已声明并保证，Term Fat Hing Fung（B.Ⅵ）Limited 截至 1997 年 12 月 31 日的经审计综合资产净值（"12 月资产净值"）将不低于 56 000 000 港元。如果 12 月资产净值低于 56 000 000 港元，则 Term

Fat 将向 RNA 退还相当于差额的金额。

2. 差比句型

该句型用于对两个人或事物之间的差别进行比较，其中包括两个方面：一是优等比较，即"甲胜于乙"，另一是次等比较或劣等比较，即"甲不如乙"。

3. 比例句型

比例句型通常用于表示前者与后者的正向或负向比例关系，即前者与后者在某种程度上的变化关系。

4. 对立比较句型

对立比较句型常使用 by contrast、unlike、in contrast to、on the contrary、on the opposite side 等来表示两个事物互相对立的情况。

5. 极比句型

这一句型表示某一事物在一定范围内最突出或某一动作达到最高程度，通常要带一个表示范围的词组。

（二）被动句型

被动句的结构实质是，某事或某人是受动者，即主语要承受某种动作（指谓语动词）所施加的影响。由于被动语态的结构特点，因此被动句大都用于表达事物的客观状态。如果一个句子中的主语是谓语动词所表示动作的承受者，那么主语与谓语之间就是被动关系，这个句子就属于被动句型，其基本结构是"主语＋be＋过去分词"。

在具体的商务英语实践中，被动句型常会发生一些变形，具体包括以下七种。

（1）Subject（主语）＋Verb（动词）＋To be＋past Participle（过去分词）＋…（其他成分）。这种结构中通常有两个动词：第一个动词对句意的表达起辅助作用，并使用主动形式；第二个动词用来表达全句的主要内容，使用被动形式。

例句：There are possible differences of objective and culture. "While bankers always want to be considered as gentlemen，they consider insurance sales staff as non-gentlemen. There are operational difficulties in getting them to work together，" Mr. Westall said.

译文：目标和文化可能存在差异，"虽然银行家们总是希望被视为绅士，但他们认为保险销售人员是非绅士，让他们合作存在运营困难。"韦斯托尔说。

本例中，bankers 是主语，want 是动词，to be considered 是被动形式。

（2）Subject（主语）＋Be＋Past Participle（过去分词）＋Preposition/Adverb（介词或副词）＋…（其他成分）。这种结构中的介词与副词可使句意更加准确、完整。

例句：The International Monetary Fund has suspended talks on its bailout instalments to Jakarta，and it has been announced publicly that the Asian Development Bank will hold up further loans until the Bank Bali case is cleared up.

译文：国际货币基金组织已暂停就其对雅加达的援助分期付款进行谈判，并已公开宣布，亚洲开发银行将扣留更多贷款，直到巴厘岛银行的案件得到澄清。

本例的第二个分句中，it 是主语，has been 是系动词，announced 是过去分词，publicly 是副词。

（3）Subject（主语）＋Be＋Adjective（形容词）＋To be＋Past Participle（过去分词）＋…（其他成分）。这种结构属于合成谓语的被动句型。其中，"Be＋Adjective"起辅助说明作用，第二部分则是被动说明部分。

（4）It＋Be＋Past Participle（过去分词）＋Real Subject（that，who，where，when 等真正主语）＋Clause（从句）。在这一结构中，that，where，who，when 等词引导的是真正的主语，而 it 只是形式主语。当主语过长，使用主动句易使句意重心偏离或句子结构失衡时，应使用本句型。

（5）Subject（主语）＋Be＋Past Participle（过去分词）＋Object（宾语）＋…（其他成分）。这一结构由"主谓双宾结构"转化而来。"主谓双宾结构"中的直接宾语与间接宾语都可以充当被动句型中的主语，当双宾之一充当主语后，另一宾语应在原来的位置上继续保留。

（6）Subject（主语）＋Be＋Past Participle（过去分词）＋Subject Complement（主语补足语）＋…（其他成分）。这一结构由"主谓宾宾补结构"转化而来。其中，"主谓宾宾补结构"中的宾语补足语相应地转变为被动句中的主语补足语。

例句：Within 7 business days after a person is appointed or ceases to be appointed as a director of a registered financier，the financier must give written notice to the commission of the appointment or cessation of appointment and the person's name and address.

译文：在某人被任命或不再被任命为注册融资人的董事后 7 个工作日内，融资人必须向委员会发出任命或不再任命的书面通知以及此人的姓名和地址。

本例第一个逗号前是一个介词短语，其中包含了一个由 after 引导的时间状语从句。其中，a person 主语，is 是系动词，appointed 是过去分词，a director 是主语补足语。

（7）Subject（主语）＋Be＋Past Participle（过去分词）＋To Be Past Participle（被动不定式）＋…（其他成分）。这种结构常由 order，expect，allow，suppose，report 等担任谓语动词。因同时包含谓语动词的被动形式与动词不定式的被动形式，所以这一结构又被称为"双重被动句"。

（三）存在句型

存在句型是一种表示存在的特殊句型，以非重读 there 做引导词或形式主语，把真正的主语放在动词的后面。谓语动词通常是主动词 be 或其他含有"存在"意义的动词的一定形式。其结构模式是：There＋be＋名词词组＋地点状语＋时间状语，在商务英语实践中大量使用。以 There be 句型的结构与作用为标准，商务英语中的存在句型可被分为以下几类。

1. 用来表示存在

真正的主语位于 be 的后面，且句中常包含表示时间或地点的状语，这是 There be 句型最基本的用法。

例句：If they have at least that much in reserve in case the underlying market moves against them. The initial margin is $13,000，but the contract is valued at $1,000 per index point and there is a "maintenance margin" of $10,400 per lot. This means if the underlying Hang Seng 100 index moves more than 2.6 points（$2.600 worth of index points）against，the investor，they need to top up their margin so there is always $13,000 of coverage.

译文：如果他们至少有那么多储备，以防潜在市场对他们不利。最初的保证金是 13 000 美元，但合同的价值是每个指标点 1 000 美元，每手有 10 400 美元的"维持保证金"。这意味着，如果标的恒生 100 指数相对于投资者的波动超过 2.6 点（价值 2.600 美元的指数点），他们需要补足保证金，这样总共有 13 000 美元的保障。

2. 用来描述事物的状况

此时，主语部分是句意的重点，动词常表示"出现""存在""发生"等含义。

3. 用来表达某种观点

此时，句子的基本结构是"There is expected/thought/considered to."谓语动词的范围限于 thought、expect、consider 等。

4. 用来表示说话人的态度

其中的 be 常与助动词或情态动词构成复合谓语。

例句：Global Regulatory Review and the Need for Reform All things considered，there must be a global regulatory review on prudential regulation. At present，too much trust has been put in segregation，capital and other prudential measures that have been shown to be.

译文：全球监管审查和改革的必要性综合考虑，必须对审慎监管进行全球性的监管审查。目前，人们对隔离、资本和其他审慎措施过于信任。

四、商务英语的句子基本特点

（一）多用成语介词、被动语态、祈使句、非谓语动词、情态动词及从句

商务英语是用来传递重要商务信息的一种语言形式。它要求使用正式、严谨、严肃和庄重的语言风格，以确保表达准确无误，避免产生歧义。为了实现简洁表达、客观公正和准确描述相关事项的目标，商务英语经常运用大量的成语介词、被动语态、祈使句、非谓语动词、情态动词及各种从句。

例句：Formerly，when any countries were on the gold standard and permitted the free flow of gold out of the country，the value of their currencies in terms of other currencies could fluctuate within only a very narrow range.

译文：以前，当任何国家实行金本位制并允许黄金自由流出本国时，

其货币相对于其他国家货币的价值只能在很小的范围内波动。

例句：The international marketer must provide considerable training to the local sales force，in regard to both the product line and negotiation techniques suitable to the company's image and financial requirements.

译文：国际营销人员必须为当地销售人员提供大量的培训，以使产品系列和谈判技巧与公司的形象和财务要求保持一致。

例句：Foreign exchange is a commodity，and its price fluctuates in accordance with supply and demand；exchange rates are published daily in the principal newspapers of the world.

译文：外汇是一种商品，其价格随供求关系波动，汇率每天在世界主要报纸上公布。

解析：成语介词 in terms of、in regard to 和 in accordance with 在各自的上下文中分别可用简单介词 against、concerning（considering）和 with 来代替，替代后句子语义丝毫不受影响，但文体意义有所不同。在商务英语中，成语介词的频繁使用可以使商务文体具有正规严肃、庄重严谨的特点。

被动语态在商务英语中的应用具有多个特点，包括结构紧密、语义准确、表达严密、逻辑性强等。在使用被动语态时，不需要提及施动者，这可以突出商务信息，提高论述的客观性，并减少主观色彩，增强可信度。因此，被动语态非常适合运用在具有严肃性和庄重性特点的商务文体中。

例句：Quotations and samples will be sent upon receipt of your specific enquiry.

译文：一收到贵方的具体询价，我方将马上寄送上报价和样品。

例句：Notwithstanding the provisions of this Clause or any other Clause of the Contract，no payment certificates shall be issued by the Engineer until the performance security is submitted by the Contractor under the Contract and approved by the Employer.

译文：尽管有本条款或任何其他合同条款的规定，在承包商根据合同提交履约担保并得到雇主批准之前，工程师不得签发付款证书。

（二）句式结构复杂

在商务英语的表达中，有的句子很长，并且在句子中经常包含起到限定、说明等作用的短语从句，从而使句子结构变得十分冗长、复杂，有的时候一个句子就能成为一个段落。

（三）句法的严谨性

商贸英语注意行文严谨，由于它的目的是规定商贸双方的权利和义务，所以表达的内容必须完整、明确、肯定。从句法层面上讲，书面商贸英语以陈述句为主，几乎不用疑问句、省略句。在商贸合同中还较多地使用被动句和长句。

被动句突出动作的承受者，对有关事物做客观描述、规定，使用被动句体现了商贸英语的严谨性，在翻译时一般将英语的被动句转换成汉语的主动句。

例句： The date of the receipt issued by transportation department concerned shall be regarded as the date of delivery of the goods.

译文： 有关运输部门签发的收据日期应视为货物交付日期。

为了在有限的条款中完整、明确地体现商贸各方的权利和义务，商贸合同中常常使用长句。长句的频繁使用无疑增加了商贸合同逻辑的严密性和句子结构的严谨性，但也增加了理解和翻译的难度。在翻译商贸合同中长句时，一般采用拆句法，然后根据中国人的思维方式调整各句之间的顺序。

例句： The prices stated are based on current freight rates, any increase or decrease in freight rates at time of shipment is to be the benefit of the buyer, with the seller assuming the payment of all transportation charges to the point or place of delivery.

译文：所列价格以当前运费为基础，装运时运费的任何增减均属买方，卖方承担到交货地点的所有运输费用。

例句从买方和卖方的利益和义务确定商品的价格，原文中以一个介词 with 来分界。在原文中 with 分句是一个状语，翻译时采用中国人平铺直叙的思维方式，用分述的方式把这个句子拆成两句，清楚地表达了原文的语言信息。

第三节　商务英语的语篇特征

随着信息时代的到来和科学技术的迅猛发展，经济全球化进程不断加快，全球贸易也迅速增长。中国在改革开放后，随着经济的持续发展和实力的不断增强，对外贸易规模也不断扩大。商务英语作为对外贸易中不可或缺的工具，越来越广泛地应用于实际操作。以下从宏观的角度对商务英语的语篇特点进行简要分析，即从短语、语法、修辞和章法结构等方面对语篇进行纵向分析。

一、短语分析

商务英语是一种独特的文体，其结构与一般语体有所不同。商务英语注重语言的实用性和礼貌性，这在短语层面表现为更多地使用结构严谨而简洁的短语形式。观察商务英语的语篇可以发现，介词短语、连词短语和非限定性动词短语等结构被广泛使用，这是因为这些结构能够准确而简洁地表达出需要表达的内容。

（一）动名词的使用

动名词结构在英语中使用频率较高，它通常可以很好地起到修饰的作用。此外，将动名词短语作为状语或后置定语可以避免大量使用修饰性的定语和状语。

（二）动词不定式的使用

在英语中，动词不定式是使用频率较高的一种表达方式。动词不定式可以作为语句中的多种成分出现，用来表示实现某种目标。

（三）分词的使用

英语中有现在分词和过去分词两种形式的分词，它们通常作为定语、状语或宾语补足语在文中进行具体的修饰，分词能够用简单的单词表达复杂的意思。

二、语法特征分析

在商务英语信函中，必须考虑简洁和礼貌的原则，注意话语的简洁性、语义的明确性、语气的礼貌性和语言的正式性。在这些要求下，商务英语往往需要运用一定的语法手段来满足具体话语要求。

（一）陈述句委婉用法

陈述句是简单、中性的语句。在贸易交流中，双方地位平等，命令句往往不适合表达请求。相反，陈述句就会被用来表达愿望和要求。这样可以让对方拥有相应的决策权，并保持礼貌和平等的用法。在交流过程中，为了表示对对方的尊重，通常会采用站在对方角度说话的方式。在商务英语信函中，多采用第二人称进行交流，很少使用第一人称交流。在使用第一人称时，相关的表达常使用被动语态。

（二）书面语体的频繁使用

英语中的正式语言有口语和非正式语言之分。通过观察日常英语会话，可以发现所使用的语言相当随意和口语化。在商务英语信函中，口语是不被接受的。由于信函正式程度较高，句子较长，并且经常使用分词、不定式和独立动名词结构所以往往能够表达更深层次的结构关系。相比之下，短句就无法达到这样的表达效果。这种语言风格之所以适用于表达商务英语信函，是因为商务英语中处理的事件或事项相互关联，具有良好的逻辑结构关系。

（三）倒装句的使用

英语中倒装句的作用是保持句子结构的平衡。英语倾向于把复杂的信息放在句子的末尾，把简单的东西放在前面，这就导致主语或谓语必须承担大量的表达内容。在这种情况下，倒装句可以有效地保持英语表达的结构需要，避免"头大身子小"的失衡现象的发生。在商务英语信函中，倒装句的使用往往表达的是不确定的可能性。

三、章法结构

商务英语的章法结构是建立在其逻辑关系基础上的。商务英语信函是逻辑严密、目的性强的文本。因此，商务英语中组织结构的表达往往喜欢使用"起—承—转—合"的结构，在话语结构分析中常见的是"总—过渡—分—总"的结构。商务英语信函的开头往往会使用一个礼貌短语作为引子，目的是避免突然进入正题，使话语显得突兀。在常规的商务英语信函中，发信人通常会首先提及双方都知道的事情，以此引出正题。

例句：Thank you for your letter informing us of Mr. Green's visit during June 27.

译文：感谢您来信通知我们格林先生将于 6 月 27 日来访。

通常情况下，商务英语的信函在开头就会直截了当地表明主题，避免模棱两可的陈述或请求，以避免产生误解。

商务英语信函的语言注重简明扼要，在详述事情细节时，需要明确时间、地点、人物和原因等方面的事项，并通过逻辑性强的说明来使整个句子与所要叙述的事情连贯起来。在信函的结尾和开头之间，通常还需要回应对方上次的询问或请求。商务英语信函是一种以来往式交流为基础的应用文体，其真正的功能在于相互回应和要求。因此，针对对方的询问、要求或回应，必须给出有内容、有逻辑的回答，并提出新的问题或回应。最后，信函的结尾部分通常会对以上内容进行总结说明。当然，这部分的主要功能还是表达礼貌。这部分的内容必须与正文结合，否则会显得牵强。在结尾部分，通常喜欢使用一些成套的语句来表达。

例句：We look forward to hearing from you.

译文：我们期待着收到您的来信。

四、修辞分析

在商务英语的信函中，不同的信函功能会采用不同的语体结构，但无论如何，在信函的设计和书写中，礼貌原则是必须遵守的。在日常英语口语中，通常只有在正式场合或表达愿望和诉求时才会使用比较委婉和礼貌的表达方式。然而，在商务英语的信函中，每一处修辞都必须遵守礼貌原则。在英语中，虚拟语气通常用于表达观点、诉求、要求或劝告。同样，在商务英语的信函中也经常使用虚拟语气来表达委婉的语气。

例句：We would be so appreciated if you can show us the detail.

译文：如果你能告诉我们细节，我们将不胜感激。

通过以上分析我们能够知道，在商务英语中，我们需要时刻保持对对方的尊重。由于双方地位平等，因此在商务英语写作中常使用陈述句来完成祈使句的表达功能，这也是商务英语信函修辞中一个显著的特点。

五、目的感分析

在商务会议、会谈、电话等场合中，语言运用的最主要特点是明确的目的性。人们使用语言是为了实现特定的目标，而其成功与否取决于交易或活动的结果。商务英语使用者的主要目的是在工作中取得更大的成就。

由于商务领域的激烈竞争，因此行为目标要高于教育目标，即学以致用。

六、礼仪感分析

在国际商务工作中，工作人员常常需要与以前未见过或了解甚少的人接触。由于他们工作繁忙，因此他们之间的会谈通常很短暂，从而就需要形成一套被广泛接受的会谈方式，以便让来自不同文化和母语的人们能够快速适应对方。商务人员的社交接触通常带有浓厚的礼仪感，在常规交际中常使用格式化语言，如问候和自我介绍。人们普遍接受的交际风格是既礼貌又简洁直接，还会考虑到时间的节约。尽管在某些场合可能需要更多的交际技巧，但交际性会话的风格和内容应该体现双方建立良好关系的需求，同时又不能显得过于亲热。

常见的问候语有"Good morning（早上好）""Hi（嗨）""Hello（你好）""How do you do？（你好吗？）"等。在一般情景中"How do you do？"用于初次相见，"Good morning"可表示对对方的尊敬，"Hello"属于中性，既不失礼貌，又不会很刻板，"Hi"则比较随便，可表示热情。

常见的结束语有"See you later（再见）"或"See you（sometime later）（再见）""Goodbye（再见）""Bye（再见）""Bye-bye（再见）"等。其中"See you later"或"See you（sometime later）"多在面对面的谈话结束时，或有见面约定时使用。其他结束语则既可用于面对面的谈话，又可用于非面面的谈话。其中"Good bye"较为正式，"Bye"较为随便，"Bye-bye"最为随便。商务性交际比一般性交际具有更为浓烈的礼仪感，其交际性语言选用的原则与日常情景中使用的原则大体相同。

七、清晰感分析

在商务信息传递过程中，我们必须尽量减少误解的风险，并且尽可能快速地处理信息（这对双方都很重要）。因此，Ellis & Johnson 认为，在商务信息传递中，人们更喜欢使用思路清晰、条理清楚的语言，其中包含大量表示逻辑关系的词汇，例如"as a result""for this reason""in order to"等。同时，语言也需要简洁明了，这对于电话、电传、电报等信息传递手段尤其重要。为了避免冗长，一些众所周知的概念通常会以短语的形式出现，例如"cash with order""just in time of delivery"等。为了节约时间，在表达这些概念时，一系列商务术语应运而生，例如"primary industry""parent company"等。其中许多是首字母缩写词，如 CIF、FOB 等。

八、启发与运用

商务英语与普通英语的区别不仅仅在词汇和具体内容，还在于其独特的语篇特点。商务英语的语篇特点对于教学具有重要的指导意义，因此在商务英语的教学中，必须突出这些特点。

在阅读课中，除了可以进行常规的阅读理解练习外，还可以进行语篇分析，让学生通过实例了解不同语篇的特点，以进一步理解和欣赏文章的写作风格。在写作课中，可以通过分析多个学生的作文，比较它们的语篇特点，并以商务英语的语篇特点作为对照，引导学生选择正确的语言表达方式，以提高写作效果。在听力课上，可以通过分析听力材料的语篇特点，指导学生认识商务英语中重要信息、一般信息和冗余信息的出现和分布规律，从而在听的过程中做出合理的信息选择，提高听力水平。在会话课上，同样可以通过分析学生的会话，对比商务英语的语篇特点，引导学生在商务英语会话中进行合理的语言调整，从而使其形成正确的商务英语会话风格。随着时代的发展和交流的需求，国际化的接触已经成为日常工作的一部分。所以，商务英语写作与处理成了商务英语专业学生必须掌握的基本知识。

商务英语具有强烈的目的感、交际中的礼仪感及信息传递的清晰感这三大特点，而且这些特点对商务英语的教学起到了至关重要的作用。然而，由于商务英语的概念比较复杂，包含了多种专门用途的英语，如金融英语、广告英语、秘书英语、管理英语、外贸英语等。本书主要分析了外贸英语，所以并非所有商务英语文体都会展现书中所分析的这些语篇特点。同时，由于商务英语与普通英语有交叉之处，所以并不是说其他语体中就一定不会出现商务英语的这些特点。

第四节　商务英语的修辞特征

一、商务英语的词义修辞特征

商务英语中的修辞为实现选词恰当、精确，表达礼貌的语言效果起到了至关重要的作用，其词义修辞特征主要表现在以下方面。

（一）暗喻

暗喻又称隐喻，是一种含蓄的比喻，本体和喻体同时出现，没有喻词。在商务英语中，暗喻是频繁使用的修辞手段之一。

例如：A woman express herself in many languages，Vimal is one of them.

—Vimal Saree

译文：女人用多种语言表现自己，维姆就是其中之一。

——维姆纱丽服

该例中，妇女服饰品牌 Vimal Saree 被比作 language，表达了这种服饰就像语言一样可以直观地传达出女性的魅力所在，潜在地表明了该品牌的特殊之处。

（二）双关

双关的修辞效果往往可以使得话语更加幽默，一箭双雕。在商务英语中经常利用同音词、谐音词与一词多义的词来实现双关。

例如：The Self—Made woman. She's living better all the time.

译文：《自我》成就的女性，生活永远如此称心。

该例中，Self-Made 的使用实现了双关，因为其具有一词多义的特点。Self 既有"自我"的含义，同时还是一本妇女杂志的名称，所以 Self-Made 暗示了阅读《自我》杂志的女性在生活上都是称心如意的，这就可以号召大量女性来阅读该杂志。

（三）夸张

虽然夸张手法有言过其实的修辞效果，但基本上还是符合事物本质特征的。适当的夸张是为了增强效果、抒发感情，在事实的基础上表现出放大或缩小某一特征的艺术手法。因此，夸张是商务英语中经常使用的修辞手法之一。

例如：They murdered us at the negotiating session.

译文：谈判时他们"枪毙"了我们的方案。

该例中，murdered us 是夸张手法的运用，目的在于强调谈判失败的后果，使得表述更加生动有效。

（四）借代

所谓的借代指的是在商务英语中，在对一个事物、属性、概念等进行表示的时候，会使用具体形象的词来表达，表现为将具体词语的词义做抽象化引申，引人联想，并且还可以起到修饰语言的作用。

例如：Viewing such problems with a humorous eye and avoiding the syndrome of taking yourself too seriously can make all the difference in keeping negotiations on track.

译文：如果用幽默的眼光来看待这些问题，让自己避免过分严肃，对谈判沿着既定的轨道前行具有十分重要的作用。

该例中，利用人体器官 eyes（眼睛）这一具体器官的形象引申出其所产生的行为——眼光，使得句子在表述上形象、轻松，很大程度上缓和了话题的过分严肃性。

二、商务英语的结构修辞特征

对商务英语结构具有重要修饰意义的手法有：倒装句、反复、排比、对比，下面就对这些修辞手法进行探讨。

（一）倒装句

倒装主要是对句子成分的强调，用来表示一定句子结构的需要，是一种重要的语法手段。商务英语中也常常通过改变语序，倒装句子来实现有所指、有所强调的交际意图。试比较下面一组句子。

（1）A sample of a similar cloth，of exactly the same color，which we have in stock， is enclosed.

（2）Enclosed is a sample of a similar cloth，of exactly the same color，which we have in stock.

译文：附上一块目前有现货的，颜色几乎一样的相似布料。

对于同一个句子，使用的英语句型却是完全不同的。

（1）使用的是普通的、正常顺序的句子，因为主语很长且位于句首，所以读者的感觉是头重脚轻。

（2）通过倒装改变了句子中词语的顺序，读起来更加合理。

（二）反复

商务英语中常用反复来强调所表达的内容，容易引起话语接受者的注意，其主要表现在以下三个方面。

1. 重复某个关键词

重复某个关键词（Repetition of a Key Word）能够帮助语言发出者建立主题思想，并让语言接收者有意识或无意识地熟悉这个词带来的信息。

例如：She is a leader：a leader in the workplace，a leader in her church，and a leader in the community.

译文：她是领导，是工作上的领导，是教堂的领导，还是社区的领导。

该例中，通过对 leader 一词的重复实现了强调的目的，充分表达了其牢固的领导地位，从而将她的领导形象深深地刻在了人们心中。

2. 句首重复

英语修辞中，句首重复指的是连续几个句子、诗行或语段都以相同的单词或词组开头的修辞手法。

例如：

Farewell to the mountains high covered with snow！

Farewell to the stratus and green valleys below！

Farewell to the forests and wild-hanging woods！

Farewell to the torrents and loud-pouring foods！

译文：

再见了，积雪皑皑的高山！

再见了，脚下的溪壑绿谷！

再见了，森林和原始垂悬的树木！

再见了，急流和奔腾轰鸣的洪水！

这里除了 Farewell to 在句首重复外，每一行诗的句法结构也是对称的。不过，这种对称对于句首重复来说不是必要的。

3. 结末重复

结末重复（Antistrophe）是指末尾段落连续使用重复的短语或句子。与句首重复一样，结末重复也是为了强调这些语句。

例如：

Our stockholders will win.

Our employees will win.

And，best of all，our families will win.

译文：

我们的股东将会获益，我们的员工将会获益；另外，最让人高兴的是我们的家族将会获益。

该例中，对句末短语 will win 进行了重复，强调了人们获益的范围非常广泛，即表明了这次成功将会使所有人都获得利益。

（三）排比

所谓的排比主要指的是将结构上相似、意义上并重、语气上基本一致的两个或者两个以上的语言单位进行平行排列，从而形成一个连贯的整体的修辞手法。在商务英语中，排比也是一种常用的修辞格。这种修辞结构能使读者强烈感受到排比结构内部的关系，起到了加强语气、强调重点的作用。

例如：If a man runs after money，he's money-mad；if he keeps it，he's a capitalist；if he spends it，he's a playboy；if he doesn't get it，he's a never-do-well；if he doesn't try to get it，he lacks ambition. If he gets it without working for it，he's a parasite；and if he accumulates it after a lifetime of hard work，people call him a fool who never got anything out of life.

译文：只追求钱的人是疯子；只攒钱的人是资本家；只花钱的人是花花公子；挣不到钱的人是小混混；不愿意挣钱的人是没有包袱的人；想不劳而获的人是寄生虫；一辈子只为挣钱的人则是傻子。

该例中，整个段落列出了七项有关 money 的种种行为，并通过这种排比结构讽刺了一些人、批评了一些人，也在一定程度上加强了人们对于如何花钱这方面的正确认识。

（四）对比

商务英语中经常使用对比的修辞手法使一组平衡对称的句子在意思上

截然相反，从而形成强烈对比。

例如：There is a large group of active and innovative companies who devote themselves to increasing the productivity. While there always a large group of laggard and stereotyped companies who devote themselves to gnawing government subsidy.

译文：很多积极的、创新的企业都致力于提高生产力，还有很多落后的、守旧的企业致力于啃食政府补贴。

本句通过 active and innovative 和 laggard and stereotyped、increasing the productivity 和 gnawing government subsidy 两组意象的对比，表达了两个方面的意思：一是赞美了前者的创新精神，二是批评了后者不思进取的企业作风。

三、商务英语的语篇修辞特征

（一）圆周句

圆周句是英语中一种应用末端中心原则的句子结构，又被称作"掉尾句"。圆周句在表达时通常会延迟重点信息或主要内容的出现，刻意制造悬念，增强文章的吸引力，并且会逐步推进句子的结构和情节，最终在句末或接近句末处呈现出作者真正要表达的意义，从而使其更加深刻，主要是强调信息或者实质部分。圆周句是作者有意安排的句子，句子结构比较严谨，多用于正式语体。当很多从句都把话语重点放在了句末，便形成了修辞学上所说的圆周句，圆周句在商务英语中的使用主要基于以下目的。

（1）有时是为了吸引对方注意。

（2）有时是为了加以强调。

（3）有时是为了减弱不利信息造成的影响。

下面来看一则实例。

例句：Although profits are down，morale remains high.

译文：尽管利润下降了，但我们的道德水平依然很高。

该例中，通过使用 although 来引导让步状语从句，并以此说明后面的句子是语言表述的重点，所以该句话是一个圆周句。其中 profits are down 这一不利消息以状语从句的形式被放在了前面，而话语中心则被放在了后半句上，因而就整个句子含义而言，在很大程度上减弱了不利消息对听者的影响，强调了好的一面。

（二）松散句

松散句（Loose Sentence）也是复合句，即主句在前，后面通常跟有几个从句：一些语言学家定义的右分支结构。松散句作为一种句子结构，是一种组织较为宽松的句子，其比较口语化，常用于日常交流与谈话。这种句子在组织部分方面会呈现出连绵不断的特点，但是在结构方面是较为松散的。因此，我们将句号加在任何一个地方，句子的结构依旧是非常完整的。与圆周句不同，松散句通常将句子中心放在前半部分用以提出主旨。

例句：The Buyer may cancel its order through a telegram to the Seller，which is required to get to the latter prior to the beginning of any shipment.

译文：买方可以通过电报通知卖方取消订货，但此电报需在货物装运之前到达卖方。

该例中首先明确了话语的主题即"取消订单"，然后在后半句进行了说明：不是任何时候都可以取消订单，只有在货物装运之前将取消订货的电报传达给卖方时才可以。

第三章
高校商务英语教学现状

本章为高校商务英语教学现状，分别介绍了四个方面的内容，依次是商务英语课程设置现状、商务英语教材建设现状、商务英语教学方法现状、商务英语实践教学现状。

第一节　商务英语课程设置现状

一、商务英语课程的问题

（一）商务英语专业定位与市场需求脱节

随着外企的日益增多，我国企业和国外企业的合作越来越频繁，使得社会对高端英语人才的需求量也越来越大。在这种人才紧缺的情况下，很多企业都希望各院校能够培养出一些具有英语能力和商务英语能力的复合型人才。但对大多数高等院校来说，设置的商务英语课程主要注重的是学生的英语学习，忽略了商务英语职业性的本质，这使得该类高端人才供不应求。

（二）商务英语课程设置不合理，课程体系构建不合理

很多人认为，商务英语课程体系的构建应该强调语言。在这种理念的驱使下，商务英语课程的设置比较缺乏专业性，与商务专业有关的课程开设得很少，既不能从多方面来提高学生的综合素质，也不能进行多方面的体系评价。设置的课程也是简单地把语言和商务有机地结合起来，整体来说，理论性课程、实践性课程、商务课程与语言课程之间的结合度不够高，无法培养学生的语言应用能力和商务技能。

（三）商务英语教学资源分配不合理

一些院校的商务教学资源分配不够合理，专业必修课和专业选修课在学时分配上不够合理，还有很多内容是重复的，这样不仅没有达到必修课的教学效果，也很难保证选修课的教学质量。对于部分院校而言，它们没有及时更新各学科的内容，其教学内容既不能真正提高学生商务英语的能力，也很难提高学生的综合素质。有的院校没有与时俱进地引进一些涵盖新知识、新理论的商务英语，最终会导致学生的认知和学习能力都与新时代脱节。

（四）现行商务英语课程设置常见的几种模式及存在的问题

商务英语教学课程的主要模式有几种："英语＋商务知识"模式、"商务英语"模式、"英语＋汉语商科课程"模式及"英语＋商科专业方向（英语）"模式。

商务英语课程设置的第一种模式是"英语＋商务知识"，即将英语课程和商务英语相结合，但学生缺乏系统的商科专业知识体系，所以其商务工作能力不足。

商务英语课程设置的第二种模式是"商务英语"，即单独设置一门商务英语的课程，这种课程的中心思想是英语。教这门课的教师多数是英语教

师，他们能够讲解英语，但是对商务知识了解不多，这会导致学生的商务英语学习效果不是很好。

商务英语课程设置的第三种模式是"英语＋汉语商科课程"。除了在英语课程以外，还设置了一门课程，被称为汉语商科课程。这种模式的缺点是没有把英语和商务知识进行有机的结合。

还有一门商务英语课程设置的模式是"英语＋商科专业方向（英语）"。这门课程要求的英语专业水平和商务知识水平都是很高的，不但要求具有良好的英语基础知识，而且还要具有良好的商务专业知识。在这门课程中，学生不再是简单地学习商务英语，他们需要学习的东西还有很多，而且该课程对师资力量要求更加严格。这门课程的学习难度比较大，教师的备课难度也比较大，因此学生和教师的压力都很大。

二、商务英语课程设置中存在问题的改进措施

（一）构建合理的商务英语课程体系

根据市场上企业需要的商务英语人才可知，现在社会不仅需要专业的英语人才，更需要具有专业技能的人才。商务英语是"英语语言＋专业知识＋人文素质"的一门综合学科，应该让学生打好口语基础，加强实训，不断地提高学生素质，并使之口语流利起来，从而打破传统的"老三段"课程。商务英语课程体系不仅仅要体现工作的方向，还要涉及相关岗位职业分析以及当前就业行情，让学生拥有当前社会所需要的关键技能职业素质。根据当前行情设置现阶段主要培训的教学内容，做到按职业岗位的知识能力需求来培训学生，让学生能够胜任工作，提高学生的商务知识水平和口语水平，而且要有重点地培养其创新能力和就业竞争能力，使学生拥有独立完成工作的能力和解决问题、分析问题的能力，把学生培养成复合型专业商务英语人才。

（二）提高商务英语课程设置综合化、整合化程度

商务英语专业的课程设置应该从培养学生的职业迁移能力出发，无论是哪类院校，都应该以培养国际通用型商务英语人才为目的。商务英语课程设置是一项复杂的工程，要想完成好商务英语课程设置的工作，就要先考虑社会的需求，然后认真地分析现在的市场需求，并运用科学的设计思想来设置课程，以解决实际中的商务问题，使高校课程更加综合化和整合化。

在学习商务专业知识的时候，要杜绝像学习传统知识那样以"授"为主，要培养学生积极主动的学习态度，促使学生将学到的知识运用到实践工作中，并使其能够将基础知识和技能相结合，以提高学生的应用能力，培养他们正确的价值观。

改变商务英语课程开发理论"一张皮"、实践"一张皮"的现象。一方面，要改变学生学习的方法，提高他们的学习兴趣，不能再像以前那样急切地要求学生进行学习。另一方面，要通过课堂提问、讨论等多种方式来使学生参与其中并让他们动手、探索、主动去收集和处理一些问题。这样能够培养他们的动手能力和思考能力以及商务专业知识技能。

设置涵盖商务专业知识的课程教材，改变教材陈旧、重复、偏离、难度大的问题，所以设计的商务专业课程内容既要与现在的市场发展相结合，与社会需求的人才相结合，又要提高学生的学习兴趣和动手能力，提高他们的专业知识技能水平。

要改变课本内容及教学模式，即改变以往的只是简单地把商务专业知识和英语相结合的模式及只注重学问而缺乏综合培训的教学方式。要根据不同地域、不同学生进行课程设置，使教材体现出均衡性和差异性。

要加强语言课程和实际商务英语知识相结合的强度，提高学生的职业技能，培养他们的职业态度，使他们得到综合发展。

要制订合理的评价机制，通过合理的评价方法来增强学生的学习动力，这样有利于促进教学事业的发展，努力去改变语言与职业技能培养结合不够的情况。在商务英语教学过程中，教师不但要让学生学习好基本的英语基础知识，也要让他们掌握足够的商务专业知识，提高他们的商务专业技能。

（三）创新教学模式

在传统的教学课程中，教学的重点在于教师讲课及学生学习知识，其重点并不包含学生能力的培养，也不注重学生操作技能的提高。在传统教学中成长的学生既不具备较强的实践操作能力，也没有较强的创新能力，这会使学生的思维很难得到进步，很难激发学生的学习兴趣和学习积极性。要想使商务英语教学达到它的教学目的，就要先改变传统的教育方法。要注重将学生的实际能力与所学英语知识相结合，同时也要注重学生创新能力的培养。要改变教学方式，可以采取课堂问答法、小组讨论法、辩论法等多种方法来活跃学生的思维，还可以通过很多实际案例、公司模拟、焦点活动等让学生参与其中，来活跃他们的思维，激发他们的兴趣，培养他们的创造能力，从而让他们养成独立发现问题、解决问题的能力。我们也可以积极利用互联网丰富的网络资源以及国内外先进的商务资料，设计多种 PPT 演示文稿、对各类练习题进行编写，同时创建商务学习平台，为学生提供更加丰富的网络资料。这有利于丰富学生的知识储备，完善知识体系，进一步提高他们学习的兴趣从而达到学习目的。

（四）合理分配教学资源

要将现在的商务英语专业课资源利用起来，合理分配专业必修课和选修课的时间，既要保证必修课的学习内容，又要保证选修课的教学质量，还要对学科内容进行不断地更新和完善。此外，要吸收商务专业方面的知识理论，还要与时俱进地充实课本内容，这样能使学生学习更多的内容，并使学生的自身能力与社会需求相符合。

（五）课程设置要处理好几种关系

在设置商务英语课程时应当考虑自身力量和课程内容的选材。要进行市场调研，以使课程内容与市场需求相结合。所以，要设置一门合理的商务英语课程，需要做很多工作。

要有一个好的编写商务课程的团队，他们需要做到分工明确，并且要进行相互合作。这个商务编写团队的工作内容主要是：对近几年毕业院校的毕业生就业方向进行调研；通过对网络和社会企业走访来收集单位所需要的商务人才数据；收集大量的数据并对其进行整理、分析，以了解社会需求情况；站在现有商务英语课程内容的基础上，结合调研情况对教材内容进行重新编制。

针对课程体系的完整与社会需求之间的关系要进行平衡和处理，商务英语课程的内容应该与社会对人才的需求相吻合，在对人才进行培养的时候，应该以就业为目的和落脚点。目前，一些商务英语课程过多地强调英语基础知识，忽略了对学生商务专业知识技能的培训，导致最后创建的商务英语课程内容不够完整。在这种模式下培育出来的学生对商务知识了解得不够全面，这导致学生没法学到真正的商务知识和技能。因此，在编写商务英语教材课程的过程中，首先，要对这些商务知识技能进行全面的了解，并结合目前市场需求编制出一套完整的商务英语课本，同时对学生进行系统的培训。其次，既要培养学生的基础能力，又要加强其对商务专业知识的学习，实现学生心理素质的提高，在此基础上进一步让学生养成良好的道德品质，同时还要提高学生的专业技能，实现其语言交流能力的提高，来促进学生的全面发展。再次，要加强实训内容，以提高学生的专业技术水平。现在要增加专业选修课，以拓展学生的专业知识，使其在德智体美劳方面全面发展。最后，要加强对学生的实习培训，提高其技能，使他们的基础英语商务技能及动手能力与以后就业实现良好的对接。由此看来，这既加强了学生的基础知识能力，又提高了他们的动手能力，同时也使其商务语言交流技能得到了巩固和提高，这样的课程才算是一门比较合格的商务英语课程。

对于英语基本技能和商务理论知识、商务实践技能之间的关系进行平衡与处理。我们在开展商务英语教学的时候，应该注重让学生提高阅读、写作、翻译等基本能力，还要让他们学习一些贸易、管理、金融等方面的商务知识技能。长久以来，在进行商务英语课程教学时，教师只重视对英语基础知识的培养而忽略了对商务知识的技能培训。很多人认为要学好商务英语，就必须有个良好的英语基础，商务英语课程就是英语和商务的简单结合，因此这样编写的课程主要偏重于英语基础知识的培养，而商务专业知识的培养就不够充分。有一些设置课程的人认为商务英语课程应该采取多种多样的教学方式如课堂提问、小组活动、市场调研等，通过市场模拟、编写市场报告等操作活动来提高学生的技术水平。目前，在我国高等院校和一些本科院校设置的商务课程中，英语基础知识占的比重比较大，还有一些少量的文学知识，商务专业知识少之又少，这样培育出来的学生很难与社会接轨。因此，建议商务英语课程应该偏重于商务专业知识的学习，将商务专业知识和英语基础知识相结合，使学生在学习商务英语知识的同时，能够接触更多的商务专业知识，而且要增加实训以提高学生的商务英语应用能力。

对于高校现有的师资队伍与课程体系之间的关系要进行平衡与良好处理。商务英语是一门综合性的课程，不仅包含英语的基本知识，还包含商务技能与商务业务，其目的是培养学生的职业素养、英语交际能力及商务操作能力。要对课程的设计编排进行改革，建立专业基础课、公共课、技能培训课和选修课等课程体系。课程体系的设置最终是为了使语言和专业知识相结合，以达到预定的教育目标。将教学目标设定以后，选拔和培养相应的师资力量。从教师的专业以及兴趣出发，进行合理和科学的选用，针对多余的师资力量，要根据市场人才需求进行转型培养。高等院校可以引进一些国外比较强的专业教师资源，不能根据教师情况来进行课程编排，因此组建一个专业性比较强的师资队伍对教学是至关重要的，要将师资力量与市场人才需求相结合。

要处理好课程体系与商务英语专业跨文化交际能力培养的关系。要想学好商务专业知识，学生不但要对本国的文化进行了解，还要对外国的文化有所了解。因此，跨国文化教育是必需的，学生应该了解国与国之间的文化差异，以防止信息交流不畅。

课程体系需要注意言语和行为特性方面的差异。奥斯汀最早提出了言语行为理论，该理论也成为语言界中有着重要地位的理论之一。现在，科学家和语言学家普遍认为言语行为是人们在进行语言交流的时候自身表现出的一种行为，如陈述、询问、命令、审判、感叹、震惊、祝贺等。言语行为是由很多次的言语行为组成，并非是单一的行为。我们可以按照交际过程中的不同阶段将其划分为三种类型：（1）"言之发"，主要是叙事行为，以言叙事；（2）"示言外之力"，主要是行事行为，以言行事；（3）"收言后之果"，主要是成事行为，以言成事。言语行为我们也可以按照不同交际意图的实现方式来进行划分，主要分为两种：（1）直接言语行为，说话人为了实现预期想要实现的意图所采用的表达方式；（2）间接言语行为，说话人用一种方式来完成另外一种言语行为，这主要是说话人在考虑之后作出的决定。言语行为作为语言学中普遍存在的现象，其在自然语言中一直存在，其有着非常鲜明的社会文化特点、社会条件，会对言语行为产生深刻的影响，制约着言语行为的表现，言语行为也因此呈现出了多样化的表现，这就出现了不同的交际形式。言语行为在不同语境中的表现，特别是间接言语行为的表现，深刻体现了社会文化关系和语言之间的配合与协调。

　　商务英语就是为实现跨文化交流，实现不同国家、不同区域之间的贸易沟通而设立的。如今，我国经济快速发展，英语人才需求非常迫切，这促进了我国大学教育质量的提高，当前需要的不仅仅是英语口语好的人才，还需要对国外语言文化了解和商务知识了解的人才。

　　课程的根本目的是培养商务英语方面的人才。商务英语不只是英语的学习，更是用英语进行商务活动和交流的一种能力，所以商务英语是一门既与商务活动挂钩，又与英语相联系的课程。在商务英语教学中不应该只注重对英语的学习，更要培养学生的商务技巧，使学生灵活地用商务英语解决商务问题。在商务英语的学习过程中，要学习商务的背景知识以及商务背景中涉及的交流方式，还有一些商务交流的技巧。商务谈判、商务演讲等商务活动都会用到语言的技巧，所以交流既会受到语言技巧的影响，同时也会受到非语言技巧的影响。商务英语是近些年才发展起来的一个专业，还很不成熟、不完善。商务英语课程的制订是需要花费很多的精力和很长的时间的。通过对现有课程的研究来设置商务英语课程，用合理的方法来处理课程中的一些问题，既要让这门课程有自己的特点，也要让其与时俱进、与社会相结合，从而回报于社会。

第二节　商务英语教材建设现状

一、教材及其重要性

（一）教材的界定

　　教材主要是向学生传授知识的一种材料，由信息、符号和媒介三部分组成。教材分为很多种，广义的教材指在课堂上教师和学生使用的课本、练习册、录音笔、录音带、电脑、复印的材料及广播电视节目等。能够让学生学到东西，有利于学生学习的任何东西都可以称为教材。狭义的教材就是目前学校教师上课所用到的课本、有声读物、音像或者练习册和活动册等。

（二）教材的组织编排

1. 教材的组织方法

第一，逻辑式组织。按照科学的逻辑顺序组织教材。

第二，心理式组织。这种方式主要是以学生为中心，从他们的兴趣爱好和能力以及经验出发组织教材，可以使教材的内容越来越广泛、越来越丰富，这样能够提高学生学习的积极性，并使他们主动去学习。

第三，折中式组织。这种方式主要考虑学科内容和学生需求两个方面，使两方面折中。在不同的学习阶段，折中程度是不一样的。

2. 教材的编排方式

在一个年级中，教材的编排会影响到学科教学内容的次序，甚至会对几个年级中的次序有所影响。一般来说，教材的编排有两种方式。

（1）直线式排列。在这种排列方式中，教材内容是不重复的，同时也是环环相扣、直线推进的。换句话说，教材的排列不会重复之前已经讲过的内容。

（2）螺旋式排列。这种方式立足于学习者的接受能力，通过逐步深入、层层递进地呈现教材内容，让重要原理在多个阶段反复出现，以加深学生的理解。同时，课程的难度也会逐步增加，来适应学生的学习能力。

二、现行商务英语教材存在的问题

（一）缺乏合适的主教材

就当前的商务英语专业的教材来说，大部分是不规范的。此外，就已经出版的商务英语教材来说，其内容不够新颖，形式也不够丰富，同时在教材中也很难体现出操作性和实践性，这就导致教师的教学需要和学生的学习需要在当前的教材中很难得到满足。

就当前的国外商务英语教材而言，社会大众是面向群体，因此不能完全满足中国学生的需要，同时教材中缺乏真实的商务情境，如国内很多院校使用的《剑桥商务英语》教材。商务英语最显著的特点是在特定的商业环境中的应用，实际上是对特定的商业环境和商务英语的语言学习。

（二）缺乏相关的实训教材

在国内，商务英语教材如雨后春笋般出现，但是其内容没有进行完全更新，不能满足国际通用人才培养目标的需要。而且，目前出版的大部分教材理论性过强，没有相关的培养实践课程。因此，要想提高学生的社会商务活动实践能力，出版相应的实训教材势在必行。

三、商务英语教材存在问题的改进措施

（一）优选授课教材

如果想要更好地提高学生学习的质量，那就要先提升教材的质量。由于国家对商务英语教材的要求更加严格了，所以在挑选的过程中很是困难。在商务英语课程教学过程中，教师不但要培养学生的听、说、读、写能力，还要教授他们关于商务专业方面的知识。在商务英语授课中，教师可以根据一些实训教材，使学生能够掌握实际的商务技能。如果没

有合适的教材，教师也可以用其他的实际案例作为背景资料来提高课程的教学效果。

（二）编写合适教材

高等教育机构需要在编写商务英语教材时，考虑当地社会需求，以确保商务英语专业学生和社会需求相符。在建设和开发商务英语教材的时候，教师要积极参与其中，并且要从学生的需求出发，对国外教材的精华进行吸收和借鉴，结合商务英语的特殊性，对教材进行灵活编排。一般来说，商务英语书籍应该把真实的语料作为一种工具，从而覆盖相关的业务内容领域和开展业务活动的各个方面。

（三）加强专业技能培养的教材建设

教材质量的好坏会直接关系到学生的学习成绩。一本好的教材对人才的培养是至关重要的。因此，在选择教材时，一定要先根据教学理论体系的要求选择那些与时代结合密切、实践性比较强的，而且质量比较优的专门教材，然后再结合行业需求和学生的实际情况，找出一些行业里实践性比较强的案例并将其作为教学资料，如《商务英语写作》《外贸单证》《商务英语函电》等，为学生提供具有针对性和实用性的教材，社会的发展与科技的进步必然会使得教材存在或多或少的不足。鉴于此，在进行教学的时候不应该局限于教材，要随着课程目标来及时修改和调整教学内容。比如，在英语写作业务中，要关注意向书、备忘录、会议议程、会议记录、日志、规范性文件和其他内容，而不是通常的商业信函。另外，对于文件、信函、英语口语、听力、写作、应用、市场营销等方面的课程，要对每一门课程的实用技能要素进行重点突出，这要建立在与校外实践教学基地以及外贸企业充分合作的基础上。同时考虑职业综合能力和理论教学体系要求，在这样的基础上层层分解目标，使其融入每一节课堂中，以此制定出《实践（实训）大纲》《实习指导书》《考试大纲》。至此，我们也就形成了具有较强针对性的、实操性的实践教材体系。

第三节　商务英语教学方法现状

一、商务英语教学方法中存在的问题

（一）现行商务英语教学中教学方法滞后

教学就是教师将知识传授给学生的过程，教学的好坏会直接影响到学生对学习知识的接受程度。现在很多的商务英语教学课程还是在沿用传统模式，教师是课堂的主导。也就是说，教师单向传授知识给学生，这很难调动学生的主动性和积极性，而且这样的课堂是比较沉闷的，学生没有太多的兴趣去学习，只是被动地去接受教师传授的信息。这种模式教出来的学生，主动处理问题的能力和交流能力都比较差，很难适应现代商务工作的人才需求，也很难适应社会需求。学生学习的主要是一些英语基础知识，缺乏对英语商务专业知识的了解。一些高校通常是以考取的证书和考试成绩来衡量教学效果，这样的教学方式只是将英语基础知识与商务简单结合起来，并不能使学生合理地利用所学的专业知识去处理问题。这种采取传统模式的教育缺少对学生的开发创造力和自主解决问题能力的培养，对学生的实践动手能力培养度也不够高，其培养出的学生往往不能适应现代社会的需求。

（二）教学方法类似普通大学英语，考核手段单一

教学方法是决定学生学习效果的重要因素之一。我国现有的商务英语专业课程，其教学方法和教学内容同本科英语的语言专业知识和教学基本

相同。商务英语学习的主要目的是让学生的语言实际应用能力和专业知识技能能够适应社会需求，所以学校应该以社会经济发展的需要去培养学生的专业知识技能，从而提高他们的交流能力和团队协作能力。为了适应这种特殊的要求，商务英语课程一定要有自己特殊的教学方法，要积极培养学生的实训能力，使学生既懂得商务专业知识，也能够学习外语知识，从而成为多面发展的复合型人才。

二、商务英语教学方法中存在问题的改进措施

（一）教学方法理念上的转变

商务英语教师要在理念上转变教学方法，可以利用现代化的科技和教学方法进行商务教育，如案例教学法、小组讨论法、辩论法等一些启发式的学习方式。这样做的目的是让学生自主地发现问题、解决问题，教师在其中主要起一个引导的作用。教师要引导学生学习，提高他们学习的兴趣和主动性。无论采取何种学习方法，主要目的都是培养学生的自主创新能力，提高他们的语言交流能力和团队协作能力，营造一种积极向上的学习环境，并提高他们的专业知识技能。所以，学校可以通过多种方式举办技能竞赛活动，如英语角的开设和定期英语晚会的举办等，以激发学生的学习动力。

（二）教学方法的改进与提升

什么是教学方法？教学方法就是教师在将知识传递给学生的过程中所采取的一些手段。在商务英语教学中，由于每个任务的内容是不同的，因此教学方法也会随之发生改变，在不同任务中可结合使用以下几种方法。

1. 情景模拟教学法

设置具体的工作场景，让学生进行角色扮演，教师做指导，来完成特

定教学中的工作任务。商务英语课内实践的情境教学是必然选择，同时情境教学这个教学方法是时代发展的必然结果，也是现代社会的特征。我国新时代教育方法的变化证明了我国教育方法的不断进步和创新。情景教学的最大贡献就是突破了死板的教学模式，考虑了学生的情绪，提高了学生的逻辑思维与创新能力，解决了长期以来学生动手能力不佳、创新能力不强、实际操作技能落后的问题。

（1）创设情境的意义

在教学过程中采用的模拟情景其实就是为教学设置一个场景，让学生置身其中。这样的教学方式将学生的活动和场景有机地结合在一起，可以使学生通过自己的切身感受、自己的实际动手操作和自己的亲身体验去探究和发现一些问题，并主动解决这些问题，以提高学生的专业知识技能。

（2）根据情境进行角色表演的实证

对一个情境进行优化，更能使学生在其中获得切身体会，因此其具有极强的实践针对性和现实指导意义。据此，商务英语课堂实践教学采用了创造情境角色并进行角色扮演的方式。比如，在学生对人力资源方面的内容进行学习的时候，在学习招聘与面试的时候，教师可以积极创设情境。教师可以先对教室布局进行改变，把课桌围成圆，来模拟董事会会议场景，其中让一部分学生来扮演考官的角色，也就是董事长；有一部分同学扮演候选人的角色，也就是面试者。学生可以根据招聘类型来展示表演技能，随后轮流扮演不同角色，教师在此过程中主要担任指导者的角色。在这样的情境中，学生就仿佛真正在毕业招聘会上进行招聘一样。

（3）角色表演的注意事项

在角色扮演上，将学生作为主体，让学生参与其中，靠自身去解决问题。在此过程中，学生可以注意到他们运用语言的能力，还会注意到情景和环境之间的交互方面。

在这种背景下，进行英语角色扮演教学可以有效地提升学生的英语应用能力。要想成功地开展英语角色扮演教学，就必须从科学的、合适的主题选材开始，进而进行精心的策划和准备。同时，为了取得良好的教学效果，必须要按照一定的步骤来组织和实施。在表演过程中，师生需全神贯注地观察、思考，以便在表演结束后展开全员讨论，总结评价角色扮演的过程。如此一来，学生在这一过程中不仅能够提高角色扮演的水平，还能获得良好的学习效果，将知识铭记于心。

2. 案例分析教学法

案例教学法最开始是在 1908 年哈佛大学商学院使用的，后来案例教学方法得到了普遍应用。目前，在很多的教学方法中都使用了案例教学法，其教学效果是非常可观的，有着非常重要的地位。在 20 世纪 80 年代，我国逐渐在教学中使用案例教学法，最开始主要在一些应用性较强的学科领域使用，如法学类、管理类、医学类等。然而，在教育领域中，这种方法还在逐步的探讨中。

金融英语、外贸英语、国际商务英语等课程都是商务英语的分支，英语基础知识和商务专业知识相互结合是商务英语的主要特点。因此，在培养学生语言能力和商务专业知识技能方面，对教师提出了较高的要求。教师除了要拥有精准的商务专业知识外，还需要拥有较强的英语基础知识，这样才能更好地完成教学任务，从而实现学生语言能力的提高，并使其掌握的商务专业知识与技能。在商务英语教学中，案例教学法的价值无法被取代，其可以使学生在模拟场景中切身体会到真实的情景，使他们成为一个决策者，从而提高学生的知识技能。

（1）案例分析的来源及意义

很多课程中都会用到案例分析法，这样的教学方法在古希腊时期就有应用。有人经常利用讲故事或者是举例子的方法来进行教学，案例分析主要是针对课文上那些理论性比较强、比较难理解、比较抽象的东西来进行举例说明。一般所采用的都是事实和最新的资料，并且将一些具有代表性的事件作为案例。在商学院中，案例分析法的教学内容与实际的关联性比较强，所以教学多数采用此法。采用案例分析法最直接有效的教学方式就是把学生作为一个主体，让他们作为一个决策者来分析这个案例。也就是说，为了提高学生的实际应用能力和应变能力让学生进行模拟练习。在案例分析时，一般会有比较多的讨论，这在课堂教学中占很大的比例。

（2）案例分析法的要求

现在案例分析法越来越普遍，在我国教学中的使用也越来越频繁。如果将一个案例拿到手中，只是简单地将它进行整理编排，而不对其进行深层次的研究，那么这样的案例就起不到真正的作用。只有通过案例分析，然后正确探讨并得出有效结论，学生才能从中得到一些真正的启发，才能学到一些知识，提升自身能力。学生可以从任何一个案例中挖掘到有效信息，只要用心，就一定能够找到真正的问题所在，从而正确处理这些问题。一个好的案例包括的因素有很多，如真实性、代表性及有效性，选择的每一个案例都应该有代表性。并且要将这些案例进行分类，做到简明和科学。这些案例虽然有其独特性，但也有一定的共性，在进行整理的时候一定要正确对待。一个案例的涉及面是比较广的，整理案例的过程其实就是对商务知识进行总结和回顾的过程。

对于任何一个案例，都不要把它当成一个事件或一个故事来看。要站在前人的肩膀上，去走更成功、更远的路。虽然成功是不容易取得的，但一定要在总结前人经验的基础上去继续挖掘和深造。只有这样，道路才能走得更稳、更长远。

（3）案例教学法与传统教学法的区别

第一，使用的教材是不相同的。与传统教学方法相比，案例教学是对案例进行分享，而不是使用传统的教科书。案例分析不是进行理论描述，而是对一个真实场景进行描述。对于这个案例，学生要对场景进行分析和探讨并进行消化。案例的选择很重要，必须要与教学的目的相结合。

第二，教学方法不同。案例教学过程和传统教学过程不一样，其不再是以教师讲授为主，而是以学生为中心，让学生分组进行讨论并编写案例分析报告。

第三，教学的目的各不相同。在传统教学法中，老师主要通过讲解的方式来让学生学习知识；而在案例分析教学中，目的是让学生从案例中提高思考、探索、分辨和沟通协作能力。案例分析是将学生放到一个现实的情景当中，让学生切身体会，这样有助于学生积累一些经验。学生学到的一些知识会随着时间的变化而变化，而得到的学习能力会使其受益终身。

（4）案例教学的基本环节

案例教学的模式是多种多样的，它们都有几个共同环节。案例分析都是按照这些环节进行的，这些环节包括案例准备、课堂分析与辩论、案例总结和撰写案例报告。

① 案例准备，这是案例的准备阶段。首先，教师要通过收集信息来编写或者设计课程的内容，这些案例是与教学内容相关的。教师必须寻找真实的课题，不能随便编写。目前，教学内容和案例分析范例已经被收编在我国教学体系之中。教师可以通过从网上下载或参考其他国际贸易、国际金融教材来获取这些案例。教师在进行案例研究之前需向学生分发案例，并要求学生对相关国际条约和理念进行阅读和了解，然后让学生根据这些案例进行分析。

② 课堂分析、辩论，案例分析过程中要注意以下四点：第一，教师将全班同学进行分组并组织讨论，在此过程中，教师应该让每个同学都进行参与和发言，并用英语表达他们自己的想法和见解。学生可以发表自己的看法，然后听取别人的见解，吸取别人的观点。第二，每个小组讨论结束以后要拿出本组的意见，并派代表进行发言。在这个时候，教师充当的角色是主持人，其主要任务是组织学生积极发言。第三，教师一定要保障学生讨论的课题内容没有偏离正题。在此过程中，教师还必须学会调节讨论的气氛，使学生成为活动的主角。如果学生的观点不一样，可以让他们继续展开讨论。如果学生的结论和观点都是错误的，教师可以通过巧妙的方式进行引导，此外，教师也可以使用间接引导的方式帮助学生，让学生自

己意识问题所在并进行纠正。第四，在整个讨论过程中，学生都要用英语发言，并且教师应该积极鼓励学生发言，训练口语表达能力和知识的应用能力。

③ 案例总结。案例总结多以小组讨论的结果为准，没有一致的答案。案例总结主要梳理这次小组讨论的思路、遇见的问题、解决的问题和运用到的知识等。教师要对每个小组的表现进行打分，并将分数记到学生的成绩中，以此方法来激励学生更好地进行下次讨论。

④ 撰写案例报告。小组讨论结束以后，要求学生对讨论结果进行总结，并且以书面英语的形式写出来。学生书写的案例报告就如同小论文，学生在进行撰写的过程中会提高思维能力和语言表达能力，也为学生今后的毕业论文写作奠定了基础。案例报告也需要有格式、书面内容、字体等要求，教师会对其进行打分。

简而言之，案例教学对商务教学是非常实用的。案例教学法也是与商务教学的内容和目标相符合的。因此，案例教学对商务教学来说具有一定的可行性和有效性。但是，案例教学法还需不断实践、总结和完善。

3. 讨论法

在学生学习过程中或社会实践过程中，要用到一些讨论法。在这些讨论法中，可以利用自己所学的知识来表达自己所要表达的内容，在这个过程中可以相互交流，然后自主地去解决问题，这同样可以提高自身的能力。

（1）讨论活动的目的和意义

参与社会实践，融入社会生活，锻炼实践能力，丰富社会活动内容。在很多教学中都会采取课堂讨论的方法，这是一种有效的教学方法。课堂讨论其实就是读者的信息交流，这种交流模式与教师授课的单向交流或者人与人之间的谈话交流是不相同的，是多个讨论者在一起进行讨论和信息交流。在一个质量上乘的讨论课堂中，学生可以从不同的角度进行讨论、交流。在交流过程中，学生既可以各抒己见，发表自己的看法，也可以扬长避短、相互启发，从而加深对所学知识的理解。通过课堂交流可以锻炼交流能力，提高语言表达能力，提高解决问题的能力。课堂讨论是学生锻炼语言组织能力、积极参与讨论的好方法。现在的教学越来越注重实践性，这就要求教师应创造一个真实的场景，让学生置身其中，并进行语言交流和探讨，根据自己所学的知识来解决问题。

（2）讨论的功能

① 巩固和加深语言知识记忆的功能。讨论的学习方法主要就是把所学的知识和讨论结合起来，把学习与思考结合起来，从而巩固和加深所学的知识。如果想把所学的知识吸收到位，就必须先理解，然后讨论，这是有助于知识消化的一个很好的手段。

② 培养能力功能。课堂讨论这种方式不仅能够加深学生学到的内容，而且还能够培养学生的思维和语言表达能力。学生通过课堂讨论，可以充分地表达自己的思想，然后接受别人的想法，学生之间彼此互助，这有助于学生能力的提高。

③ 教学相长功能。在课堂讨论过程中，学生能够进行自我表达，因此这种参与讨论和解决问题的过程是学生学习知识，并得到成长的一个过程。对于一个教师来说，既要能够掌控讨论的局面，对讨论中出现的问题进行解决，还要能够引导学生进行讨论。这就要求教师在进行策划讨论的时候做好充分的准备，对学生讨论过程中可能出现的问题进行预测，这对教师来说也是一个成长的过程。因此，课堂讨论能够促进教师和学生共同成长，是教师发挥主导作用和学生学会学习的一个有效途径。

（3）讨论的类型

① 小组讨论。小组讨论适合那种比较困难、比较小的而且中心思想比较多的问题，可以根据情况多人一组或两人一组进行讨论，这种方式可以使学生对以后面试的情况有个初步了解，为以后面试打下良好的基础。

② 课堂讨论。课堂讨论式就是在课堂上对教师授课过程中遇到的一些难题进行课堂讨论，这种方式是学生集体表达意见的、无形的方式。在未

来的工作和商务活动中，这种讨论方式会经常出现，其有着非常高的使用频率，相较于教师独自授课，课堂讨论要好很多。学生可以通过这种方式进行动脑思考，然后发表个人看法，从而去积极主动地学习，这样能提高学生的逻辑和语言表达能力。小组活动可以动员学生参与到课堂实践中去。

③ 头脑风暴法。在工作中会出现许多问题，这些问题不是一个念头就能解决的，要不断摸索、不断思考，并且还要参与多种方案的讨论，最终才能找出最佳方案。在解决问题过程中经常用到的一种方法叫作头脑风暴法，这种方法就是把很多相关专业人士聚集在一起，大家以一个问题为中心，发表自己的看法，然后每个人的看法都会被记录下来，在总结归纳后得出有效的信息，最终获得最佳的方案。

头脑风暴法要先组建一个小组，在这个小组中选择一个合适的人选作为主持人，再找一个记录人记录开会的所有信息，这个人也可以由主持人来担当。这个小组中的每个人都需要对这个问题进行了解，而且他们必须都要发表自己的意见。这个小组必须有活动的策划方案和他们活动的目标及他们的组织原则，并且确保在讨论结束以前不要评价或批评任何回答。一旦集体讨论结束，就要马上检查记录结果并各抒己见，然后组长或主持人将他们的答案共享。记录员需要将所有的信息记录下来，并将会议记录发给大家，让每个人对会议内容都有所了解。

讨论法是学生运用自己所学的知识参与课堂活动，发表自己的意见，然后通过讨论巩固自己所学到的知识，并提高自身技能的一种方法。

4. 模块整体法

模块整体法主要包括理论教学方法的三个模块整体建构和实践教学方法的三个模块整体建构。

（1）理论教学方法的三个模块整体建构

第一，强调"导"字。在商务英语教学中，学生的学习是主要的教学目的，学生起到主导作用，教师在这一过程中就主要扮演着指导者、导航者、导演者等角色。在这个过程中，教师应该让学生明确学习内容，并且让学生知道学习目的，为学生提供合适的学习环境，以及丰富的学习资料。学生在教师的积极引导下，完成学习目标。为了保证教学的顺利进行，不仅需要教师的有效指导，还需要学生进行自主学习，实现二者的结合。教师在这一过程中一方面是知识的传授者，另一方面是承担设计和管理学习活动的角色。

第二，特别突出"异"字。鉴于每个个体的差异性，我们必须秉承现代教学理念，坚持"尊重差异、追求个性、宽容另类"的原则，在教学中注重学生的个性化发展，让学生养成创新精神。商务英语教学应该根据学生的不同个性特点采取有针对性的学习方法，尽可能让每一位学生都能在学习中体会到学习的快乐，收获知识，提高能力。

第三，确保"真实"。学生的学习应当依据他们需要掌握的知识和技能来安排，而不是以教材、课堂、班级为中心。学生应在类似于工作环境的条件下积极实践，以获取并掌握各种技能，提高自身的能力。在学生的实践中，教师应该给予学生鼓励，在必要时与学生合作为学生提供帮助，同时在学生遇到问题的时候，及时为学生提供分析和解决的思路，引导学生解决问题，并且要对学生的积极性、主动性、创造性进行激发。与此同时，教师也应该积极为学生提供尽可能多的实践机会，让学生在学习中感到自己的进步、看到自己的成长、挖掘自己的潜能、展示自己的能力。鉴于此，在教学中，我们应该着重强调教学的实践性。

（2）实践教学方法的三个模块整体建构

第一，重点放在"指导"建构现场模块方面。人类用语言来表达自己，语言的用途众多，基本功能具体为：寒暄功能、信息功能、指令功能、表达功能、表情功能、疑问功能、言语行为功能。商务英语作为语言的一种，也具备以上这些基本功能。商务英语专业的学生之所以学习英语，其主要原因在于利用英语来开展各种业务活动。不管是职场活动、社交活动，还是贸易活动、文化交流活动，其最开始涉及的活动就是口头活动，商务广告和业务单据等业务中所要处理的文件次之。学生若掌握听力、口语、阅读、写作、翻译等基本语言技能，其语言交流能力就会有所提升。教师在进行教学的时候，应该依托教学计划、教学大纲及教材，据此来指导学生的学习。具体来说，共有以下七种指导方式。

① 面谈方式：教师在这种指导方式中主要扮演的是职业指导人员的角色，并且与学生进行交流对话，教师要从学生的基本情况出发，依托学生的职业素质、心理素质以及需求，为学生提供指导，教学形式上要趋于生活化。

② 影视观摩法：在介绍有关的案例和专题知识的时候采用电视、电影、录像等形式。

③ 报告会法：即根据不同的咨询目标和课题举行专题报告会。报告会的内容包括就业形势与政策、创业、个性发展、择业方法和学习技巧等。

④ 集体座谈法：对学生进行分组，教师就学生所关心的共同问题进行座谈，让学生之间互相帮助，实现互相启发，发现每个人基本语言技能的长处、短处，以便于教师进行具体指导。

⑤ 通信联系法：通过电话或其他通信手段为学生提供咨询帮助。

⑥ 跟踪服务法：对顶岗实习的学生进行定期回访，协助用人单位调整人员。教师要与用人单位保持联系与交流，不仅可以及时了解和把握用人单位的新需求，也能对被录用人员稳定的就业情况有所了解。

⑦ 现场模块指导在施行的时候，应该保证其体现出涉外语言交际所具有的典型性、时代感、思想性、实用性、可模拟性、可操作性。

第二，强调"不同"的建设工作环境模块。在学习商务英语的时候，需要学生具备非常丰富的语言知识，一方面是各个领域的英语语言知识，如人文学、管理学、通俗经济学、金融基本知识、国际贸易的基本商务理论等；另一方面，还需要学习文化学的知识，学习文学知识。学生在学习的过程中需要具备语言应用能力、跨文化交流能力以及商业实践能力。学生之间的"异"主要体现在个性所具有的完整性和矛盾性方面，个性结构具有确定性、复杂性、主导性、表层性、深层性、独立性和联系性等几个方面。要提倡学生的自主性，学生有着自己的思维，以此来指导自己的行为，他们的行为并不会被客观环境盲目支配，其他人的意愿也不会对他们的行为产生严重的影响。实施有针对性的教育，发展学生的独特性。在进行商务英语教学的时候，为了使得商务英语知识涵盖面实现覆盖学生的"异"，可以采用三种手段：启发手段、审美教育、充分挖掘学生的创造性，基于此来构建职业环境模块，如企业管理、口语翻译、银行职员、海关职员等。

最后，着眼于"实"建构反馈模块。通过建立带有激励效果的正向和负向反馈机制，将商务英语知识从开环系统转变为闭环系统，并结合现代管理制度，以提高教学系统的效率，增强其竞争力。即满足特定的反应条件下的反应周期，如此不仅可以通过该系统使学生受益，还可以增加教师的利益。正反馈闭环管理系统理论认为，企业实施正反馈机制是为了构造一种新型生产关系，是把教学班模拟成股份公司，运用企业进行管理的一种教学方式。这种方式是使学生素质和商务英语知识达到一定高度的产物，是一种有效机制，其背后的理念是，员工将资金投资于公司的整体经营上，以获得较高的回报率，并与其他利益相关者一起参与公司的治理。通过正常运作正反馈机制，可以让作为经营者的教师从中获得额外的利益，同时也可以让作为投资者的学生从中获得额外的利益。在系统中实施正反馈机制，有利于在内部形成自我约束的机制，同时也有利于自我激励的形成，这对于学生在学习商务英语知识中因为其知识面涵盖广导致的学习吃力问题来说是很好的解决办法，还可以达到学习、就业可持续发展的目的。

教学课本分为很多模块，由很多单元组成。小到一节课、一个知识点，大到一个单元或一个章节，而且学习的知识是一环套一环，从简单到困难，这样的教学模式更容易让学生进行学习，教师也可以通过不同的章节来掌握学生的学习情况。如表 3-3-1 所示，为传统职业教育课程模式和模块教学课程模式的异同。

表 3-3-1　传统教育课程模式与模块教学课程模式异同

传统教育课程模式	模块教学课程模式
专业划分根据内容	专业划分根据职业能力分析
教学目标抽象，研究学什么	教学目标具体，研究做什么
教学方法以教师讲授、演示为主	学生自主学习，教师帮助指导
教材内容陈旧，信息反馈不及时	教材及时更新，信息反馈及时
时间限定	学分管理
课程设置固定	课程设置灵活
教学考核以分数评价为主	教学考核以能力评价为主
教学内容刚性整体	教学内容进行专业模块组合
考虑群体需要	社会需要和个人兴趣相结合

（三）改进提升评价体系

要对评价体系进行改革，可以在原先传统的用一张试卷来测评学生学习成果的方式的基础上，增加其他模式的测评，如知识考核、能力考核及岗位训练考核等模式，通过这些模式能够有效地测评学生的综合学习能力。利用定量与定性相结合的系统分析方法，来对学生的综合素质进行评价，也就是层次分析法，其将复杂系统的问题分解成有序的层次，并定量描述每一层次元素的重要性，这样做可以让学习过程更加有条理和系统化。之后可以借助数学方法来对每一层的元素相对重要性权值进行明确，最后在明确掌握各个数值以及权值的基础上综合评价学生。只有这样，才能判断学生对于理论知识的掌握程度及对于知识进行灵活运用的能力。

方法是不断变化的，具体方法本身并没有好坏之分，主要在于不同的时间、地点、条件、对象、目的等是否合适。在具体的商务英语教学过程中，方法通常是不断变化的，教师同时要综合运用几种教学方法来传授一个重要的知识或技能，即使某种方法再好，如果经常使用，学生也会感到厌烦，这样就不会取得良好的教学效果。因此，在商务英语教学过程中，教师要不断地重新组织教学方法，并且在重新组织过程中使教学方法有所创新。

总之，商务英语是一个实践性很强的专业，对学生的应用能力要求较高。对商务英语教学者来说，在商务英语教学过程中必须结合商务英语的特点，抛弃传统的教学模式，深化商务英语课程改革，创建具有商务英语特色和符合职业和工作岗位需求的教学模式；改进商务英语教材、教学方法。同时，要加强商务英语教师的专业素质；注重培养和提高学生的实践技能；培养学生的英语语言，以满足未来职业要求的硬性条件。只有这样，才能体现商务英语教育的特点，培养出更多能适应岗位需求的商务英语人才。

第四节 商务英语实践教学现状

一、商务英语实践教学中存在的问题

相对于理论教学而言，实践教学是教育中占用时间比较少、教育力度不够大的一个重要环节，必须重视起来，因为在职场中实践的经验是非常重要的。

（一）缺乏对实践教学重要性的认识

许多教师不注重教学实践的意义，使得理论与实践相脱节。因此，教师需要将理论与实践教学有机结合起来。

（二）实践教学目标不明确，缺乏有针对性的行业

商务英语教学目的不明确，在大学阶段学习的知识和毕业后找到的工作是不对口的，这就导致了就业难的问题。衡量教学效果的标准是课程考试，商务英语是以出口商和企业的英国资格证书的考试成绩通过率为准的。

（三）学习内容与实践相脱离，教学实践体系不健全

教师根据自己对课程的理解自行设计实践教学环节，这不利于对学生个人技能的培养。教学内容缺乏连贯性，专业培训课程缺乏完整性，这很难让学生学习到相关的业务流程知识。

（四）实践教学中的实训教材匮乏

实践教学中的实训教材包含很多内容，如实训教学大纲、实训教学文字教材、实训指导书、实训教学音像教材、实训教学软件等。但是长久以来，市面上大部分的实训教材，基本上都非常强调理论的学习，对实践并不重视。对于商务英语专业而言，其专业理论教材非常单一，且缺乏专业实训教材与之相配套，而且实践指导书的指导作用被低估，因为其内容要么太过简单，要么过于形式化。由于缺乏多样化的实训教学软件，只有外贸教学系统，尽管其集科技、媒体和通信于一体，但是也很难满足学生多种多样和众多实训课程的需要。此外，实训手册在当前还处于空白状态。没有配套的、合适的实训教材，导致教学很难有系统地进行模拟实验和科学的社会调查，也很难保证毕业实习的有效开展。

（五）实践教学基地不足

实践教学基地建设存在着实践设备和场地不足的问题，有的高校校内的实训室数量不够，经常出现几个班级同时实训的状况，而实训室的数量不能使这几个班级在同一个时间内进行实训，影响了教师和学生的积极性。同时，校外的实训基地数量也存在严重不足等问题，学生和教师不能进行有实际意义的商务操作实践活动，从而影响了实践教学的进行和良好教学效果的取得。现阶段，我国的高校还不能够很好地去解决这些问题。

（六）实践管理不合理

实践管理不够系统化，教学制度不够完善，有些高校没有统一地去评价和分析当前的问题，而且当前的教学质量也比较差，实践教学跟不上当今社会的需求，没有做到与时俱进。据不完全统计，相当数量的高校在实践教学的组织管理上存在着制度条理性不强、内容不健全、责任没有完全到位、没有制定出相应的阶段性的评价体系等问题。

（七）实践教学时间安排不合理

实践教学在时间安排上不是很合理，有些学院只是拿出一点儿时间来进行实践教学，并没有给予充足的实践时间。在每个学期初，教研室人员在进行授课计划安排的过程中往往忽略了实训教学项目和内容的安排，在思想意识上并没有把实践教学放在首位来考虑，总是先考虑理论教学，导致实践教学的地位没有得到应有的重视和提升，在进行完理论教学之后，只是根据剩余的时间进行实践教学。

特别是在实践中很难做到合理的安排，一般都是由教师来给大家示范或者让班里比较优秀的同学给大家做示范。这样没有达到让学生动手操作的目的，导致学生觉得课程枯燥无聊，从而对实践开始厌烦起来。

二、商务英语实践教学中存在问题的改进措施

（一）完善实践教学体系，实现商务英语实践教学过程的突破

在对商务英语人才进行培养的过程中，因为没有明确的人才培养目标，也尚未对商务英语人才核心技能有全面的认识，导致在教学与实践环节出现了脱节问题，教学内容也比较零散。因此，必须对局部、零散的实践环节进行系统化、完整化和综合化处理。

开展实训课程，其主要目的是使学生将学到的知识应用到实际工作中

去。因此，要坚持学习和工作相结合的原则。在实践教学过程中要坚持这一原则，应当使学生的学习与岗位需求相结合，要坚持它的实用性和系统性，并使之与将来工作的要求紧密结合。在实践教学过程中要突破以下五点。

一是要逐渐突破教育理念。教育应该以学生为根本，通过不断地参加一些教学培训，让教师从管理层次变为辅助层次，不再是教师逼着学生去学习，应该让学生自主地去学习、去请教老师，使其全面参与到道德教育中，这样才能够充分体现教书育人的理念。

二是要突破实践过程中的教学内容。在实践中，要在商务环境下完成工作任务，所策划的工作任务可以多样化，可以根据不同的职业安排不同的任务，使得每项任务都能提高学生的能力，要将教师的教和学生的学相结合，并让学生主动去做。

三是突破实践教学方式。例如，让学生自己组建团队，他们之间可以相互学习，也可以通过互动方式学习教学内容通过室外扩大教学范围，让学生全方位参与进来，实现教学方式和教学空间的多元转化。

四是实践教学目标上的突破。要将学生所学的知识与他们的智力开发相结合，注重学生学习的方法和过程，还要将学生的情感态度和价值观考虑进来，采用显性教学和隐性教学相结合的方法。也要注重三维目标的实现，即知识与技能、过程与方法、情感态度与价值观，体现显性教学和隐性教学相结合的原则。

五是实践教学链条上的突破。让学生全面参与到教学中，改变教学理念采用多媒体等多种形式来实现教学考核。

（二）全面实施实践与教学相结合

1. 实践教学与情境设置相结合

要坚持学习知识与工作相结合的原则，去创造一个仿真的模拟环境，如利用网络知识平台创造这种环境，让学生在一个仿真的商务活动空间中进行训练。商务专业知识具有商务文科类的特征，要以实践为中心去培养学生的知识技能，从而提高学生的实践能力。

2. 实践教学与竞赛活动相结合

在商务英语教学中，最主要的目标是让学生学会自主学习，提高他们的主动性和学习兴趣，使其找到正确的学习方法。可以组织一些专业性的知识竞赛，通过这样的竞赛来提高学生的自主学习能力，给他们足够的学习空间，从而调动他们的学习能动性，增强其创造思维。也可以设置一些开放式的实验室，让学生在这里进行实训技能训练。这样的开放式实验室给学生提供了一个良好的学习环境，学生可以在这样的环境里进行实验操作，提高他们的技能。

3. 实践教学与岗位技能培训相结合

要了解一些成功的培训机构的培训模式，学习他们的成功经验，在此将成功经验总结为：教师授课的课堂和实验与将来工作的企业相结合，教师和工程技术人员有机结合，以及教学方法、科研成果和项目实施相结合。

4. 实践教学理论教师队伍与实践教师队伍相结合

实践是教师授课中重要的一部分，其不仅是为了提高学生的表达能力，也是对教师能力的一种提升，因为在实践中教师真正地充当了一名管理者和实践策划分析者的身份。将理论教师与实践教师相结合，理论教师能进实训室指导学生实践，实践教师也能进入课堂讲授理论知识，进行理论教学。同时不仅应该培育学生的能力，还应该加强教师的能力，只有教师的实践能力提升了，他们才能够更好地引导学生去提升自己的实践能力。因此要让教师成为双面人才，这样的教师才是当今社会需要的人才。

在实践教学中，应该有明确的分工和相应的工作职责，参与的一些人员都应该按照这样的分工和职责进行相应的活动，并努力去完成各项工作。

（三）商务英语实践教学应遵循的原则

1. 专业特色性原则

特色是每一个人生存和发展的根本。商务英语实践教学也应该如此，要不断地革新方法和内容，并结合当前的社会背景进行有效的教育。

2. 工作和学习相结合原则

目前，工学结合的形式越来越流行，主要是将工作需求与学习结合起来，国家教育也越来越重视这一培养模式，将工学结合思想与社会需求相结合。现在，很多高校聘请了一些比较有资历的外籍专家，让他们参与商务英语课程的编写和改进工作，从而可以使学生获得前沿的商务人才需求信息，使其得到全面的发展。

3. 实用型原则

现在主张实践教学，其中心思想主要是使所学的语言与今后的专业岗位需求相结合。对于这样一个教学体系来说，其分工是明确的、层次是分明的。比如，实验实训平台就有很多分工，有一些技能训练平台，还有一些专业岗位技能训练和专业岗位实践等。

4. 工作过程导向原则

目前的高校倾向于采用以工作过程为导向的模式。我们在对当前的高校商务英语课堂进行改革的时候，可以从实际的教学状况入手，将内容分为五个模块，分别是语言综合技能模块、商务技能模块、综合素质模块、实践技能模块、素质拓展模块。第一个模块是语言综合技能模块，主要是来训练人的听、写和交流能力的，还有一些辅助训练，如写作、翻译等。

高等院校可根据不同的地域、不同的文化、不同的背景建立起不同的校园网络，只要每个人进行注册，并填写相应的信息，就能合理地为教育者以及被教育者提供管理和交流意见。

5. 混合型原则

混合型原则就是把原来的教育体制和当前的教育体制相结合，简而言之，就是淡化理论教学，把实践教学作为重点，让教育走出教室，让学生在实践中结合自己的实际情况找到理论的真正意义，从而形成一体化教学。

（四）商务英语实践教学监控措施

检查商务英语实践教学是否符合专业特色；检查实训课题能否提高学生实践能力；检查教师的课程是否目的明确；检查学生是否达到了商务英语实践教学要求，是否掌握了相关技能；通过检查实训计划内容，对科研成果和教学的过程进行检查，并做出有效评价；组织人员收集学生的反馈意见，发现问题并及时调整解决。

在我国，只有部分高等院校建立了一整套商务流程的实践、实训体系。高校在日常教学过程中还没有真正地把实践和实训教学放在首位，还在按照传统的教学方法进行教学，即只注重课堂理论知识的传授，没有把学生带出教室，没有让学生到企业去实践，没有让其参与真正的商务实践活动，更没有建立起一整套高校商务英语实践和实训的体系。很多教师主要还是运用语言学的理论和方法对商务英语语言现象进行分析和研究，探索语言特点和总结语言规律；以教学理论为基础，探索商务英语教学的新思路和新方法；同时研究国内外商务英语的变迁和发展现状和趋势及跨文化商务交际，以跨文化交际理论为基础，研究国际商务中的文化现象及导致国际商务各个领域中产生差异的文化因素等。这些并不完全符合高校商务英语办学的理念，高校必须改变商务英语教学以理论为主的教学理念，把实践和实训教学放在首位。

第四章
项目教学法在高校商务英语教学中的应用

本章为项目教学法在高校商务英语教学中的应用，依次介绍了项目教学法的理论基础、项目教学法在高校商务英语教学中的应用原则、项目教学法在高校商务英语教学中的应用策略、项目教学法在高校商务英语教学中的具体实施四个方面的内容。

第一节　项目教学法的理论基础

一、主要概念界定

（一）项目教学法

该方法最初是由美国教育家 Kilpatrick（克伯屈）在他的论文"项目教学法"中阐述和界定的。

所谓的项目教学法主要指的是借助"项目"这一形式来完成教学活动，让学生在这一过程中通过问题的解决来获得知识的系统体系，在教学所设置的项目中包含着各个学科课程的相关知识。所谓的项目教学主要是让学生自己处理相对独立的项目，教师主要扮演指导者的角色。学生需要对项目中的信息进行收集、整理，需要进行方案的设计，并且推进项目实施和评价，学生应该把握整个项目进程，并且要对项目每个环节的基本要求有所理解和掌握，学生在这个过程中处于中心位置。因此，项目教学是一种以学生为中心的教学方法。以行动为导向的项目教学法由德国联邦职教所于 2003 年 7 月制定。通常来说，项目教学具备明显的特点：对整个的学习过程进行分解，使其分解为具体的事件或者是工程，在此基础上对项目教学方案进行设计，在进行设计的时候主要按照行动回路来对教学思路进行设计。这一方面促进了学生对理论知识与操作技能的学习与掌握，还能实现学生学习能力和解决问题能力的提高。此外，学生还能在此过程中学会与人交际，提高自身的交际能力和协作能力。

（二）复杂性思维范式

在当前的学术界尚未对复杂性思维范式有一致的看法，但是达成一致的是其强调有机整体观，强调在看待世界的时候使用复杂的观点和非线性的观点。为了对系统的整体演化进行研究，应该在保证系统完整的基础上采用模型手段或者模拟手段来实现。

复杂性思维与简单性思维是相对的，就当前来看，复杂性思维范式依旧在形成与发展中。因此，学术界还没有达成一个一致的权威的定义。尽管如此，复杂性思维应该包含库恩所提出的三个层次的含义，也就是说，包含形而上学范式，如信念、有效的形而上学标准、看法及思辨等；立足于哲学角度，主要超越了还原论，走向整体、关联复杂性概念。复杂性思维方式着重强调系统的不确定性、自组织性、不可还原性、演化多样性，这与简单性思维方式形成了鲜明对照。

（三）特殊用途英语

ESP（English for Specific Purposes），是一种适用于特定职业、学科或

特殊目的的英语，也被称为专门用途英语或者特殊用途英语。ESP 与 EGP（通用英语）是完全相反的概念。相对于传统的 EGP，ESP 课程没有将英语作为独立的语言课程来进行教学，其有着非常明确的教学目标，有着丰富的教学内容，且有着明确的交际需要。随着社会的发展，国家与国家或地区之间的往来日益密切，不仅有经济上的往来，还涉及科技、文化等各个方面的往来，这也使得各个国家和地区之间的交往不断加深，ESP 正是在这样的背景下发展起来的。与此同时，为了重振经济，摆脱战争带给本国的影响，很多国家积极发展科技，并且培养大量的英语人才，在科学领域及商贸领域中，英语已经成为一种国际通用语言。此时，人们学习英语有着非常明确的目的，英语主要充当的是沟通工具，主要服务于人们的交流和专业。

（四）整体教育

整体教育作为一种教育理念，其理念基础为整体主义。在 1926 年，哲学家斯马茨（J.C.Smuys）在其著作《整体论与进化》中首次提出了"整体论"这个词汇。斯马茨说："即使累积了某部分，也决不能达到整体。这是因为，整体远比部分之和大。"[①]我们不能将整体进行分割，一旦分割为各个部分，就会丢失一些什么，这里的"什么"主要是整体之所以成为整体的部分，整体所具有的独特性质。

整体教育并非只是一种技巧或学科，而是一种关注人的身心健康，培养人良好道德和判断力的教育观念，其强调教育在于对人性的完善。教育是一种非常复杂的现象，其具有以下基本属性：非线性、非还原性、混沌等。

---

① 冯克诚. 教育与教育学文论选读［M］. 北京：人民武警出版社，2011.

二、理论基础

（一）语言学

商务英语是一种实用主义语言观，就语言学而言，现今主要有两个流派：形式主义与功能主义。形式主义注重语言的形式结构，而功能主义则关注语言的实用功能。形式主义的观点是，语言的主要任务是研究语法成分之间的形式关系，不需要考虑它们的语义和语用性质，认为语言的形式与语言功能是相分离的，是典型的"分离派"。功能主义的观点认为对于语言的研究，一方面要研究字系、音系、词汇、语义、语法等语言本体，还要着手研究社会、情景、语篇、话语等语言使用环境，这也就说明语言形式与语言意义是无法分割的，是典型的"整合派"。"整合"与"分离"是对立的概念，这在语言学中主要有两个方面的体现：一是考虑语言的本体与使用之间的关系，以及所谓的"语言能力"和"语言表现"的关系，即语言系统与语篇之间的关系；二是考虑语言使用的情境和语言使用之间的关系。Halliday（韩礼德）进行研究时指出，"情景语境"由三个变量组成，分别是语场、基调和语式。这些变量可以影响语言系统的选择，语言和语境之间的关系是相互作用、相互依赖的。Halliday（韩礼德）把语言看作社会符号和社会行为，认为"语言是一种社会符号"①，在整个的社会符号系统中，其属于子系统。鉴于此，语言属于意义系统。语言是社会符号系统中的一个重要组成部分，它作为一个意义系统为人们的交流和理解提供了基础。在语言领域中，系统和语篇与社会符号系统之间相互作用，形成了一种辩证关系。语言系统创造了其他符号系统，同时也被这些符号系统所塑造。具体语篇能够创造出适合的语境，同时也会受到情境语境的影响。语言学家 Hymes（海姆斯）提出语言本质上与语言的交际不可分，指出"语

---

① 孔雪娇. 批评语言学视角的美国种族问题透析［D］. 南京：南京师范大学，2010.

言能力应包括交际能力"[①]，这对语言及语言教学、语言习得产生了深远的影响。韩礼德之后立足于语言功能的角度对交际能力的含义进行了阐述，并且据此提出了在学习母语过程中儿童语言活动的 7 个基本功能，这使得人们不再仅仅关注语言形式，也开始关注语言交际功能。在同一时期，Wilkins（威尔金斯）提出了意念功能教学观。这一观点在语言教学界得到了广泛认可，Hymes（海姆斯）和 Halliday（韩礼德）的理论也正好支持了其观点，Wilkins（威尔金斯）的教学范例也成了交际教学法模式的开创者。项目教学法与交际教学法一脉相承，其语言教学理念都强调在培养学生的语言应用能力的时候通过真实的语言活动来实现，我们也可以说项目教学法是交际教学法的衍生。鉴于此，项目教学法也应该将培养学生的交际能力作为商务英语教学中的重要目标，并据此来开展教学活动。

（二）外语教学理论——整体语言教学

目前为止，尚未有一个被广泛认可的定义来描述整体语言教学流派的核心理念"整体语言"。K·古德曼认为"整体语言的内涵是极其丰富的，而且不是有关语言教学的狭隘教条，它同时是课程统整的重要方式和一种重要的学习哲学"[②]。弗鲁斯（Forese）对整体语言作了操作性的定义："整体语言是以儿童为中心和以文学作品为中心的，是尽可能地使儿童浸没在真实的沟通环境中的一种语言教学方法。"[③]"真实的沟通"是指在言语交流中，必须有发言者和真实的听众，在这个情景中双方都应该尽可能实现互动。鉴于此，从弗鲁斯的定义中我们可以看出，语言学习材料具有整体性的特点，并且语言学习的过程也具备整体性的特点。迪查特对众多学者

---

① 王萍慧. 交际法在非英语专业大学精读课中的应用研究［D］. 长春：吉林大学，2013.

② 李园园. 商务英语教学与人才培养研究［M］. 北京：世界图书出版公司，2018.

③ 黄均，李哲，苟萍，等. 高校英语教师词汇磨蚀调查分析［J］. 中国民航飞行学院学报，2017（4）：4.

认为的整体语言进行了描述和总结，他指出："作为一种动态的、发展的运动，整体语言常常被描述为：一种新的专业技巧和一种对读写的新观点；一种学习、教学和语言哲学；一种关于儿童如何学习的思想观念，信仰系统和态度；一种支持自然学习和意义是阅读与写作的中心的思维方式；一种读写教学的整合方式；一个指导教学决策的信仰系统；一个范式转换；一种迥异于传统课堂的有关语言、读写能力获得和学习的观点。"[①]迪查特对上述观点作了评论，他认为"这些描述，每一种都站在它自己的立场上，聚焦于整体语言的某个特殊方面，最恰当的应是把整体语言作为一种最适宜的学习环境加以描述"[②]。他引用史密斯的话进一步指出："在这种学习环境中儿童真正在学习阅读……在这种环境中语言写作创造了意义，在这种环境中，一个有自主权的、能独立开展项目的教师承担着学习的批评者的角色"[③]。以上观点指出，除了将语言视为一个完整的系统外，语言教学的范围也应该拓展到与学生生活息息相关的其他领域，来贴合学生实际。教师在教授语言的过程中，需要融入相应的文化和社区元素，也应该实现与学生的结合。学习语言主要目的在于满足学生的现实需要，实现有效的人际交流，并非是为了学习而学习语言，语言的学习还能帮助学生解决现实生活中遇到的问题。鉴于此，我们认为整体教育是一种教育哲学。在这一哲学中有以下观点：随着人类的活动，语言逐渐产生，其与人类的活动密切相关，其主要目的在于交际。语言学习应该在实际生活中进行，而非通过机械的、重复性的训练来进行学习，只有这样才能更好地与现实生活紧密结合。此外，在语言教学中，应该对学习者的兴趣进行调动，尊重学习者的独特性，为学生提供个性化的语言学习和教学。在学习语言的时候，应以学习者为主体，并注重个人思想和观念的表达，而非仅仅机械地模仿正确的表达。在必要的情况下，还要对学生犯

---

① 安桂清. 西方"整体语言教学流派"述评［J］. 教师教育研究，2007，19（5）：6.
② 安桂清. 西方"整体语言教学流派"述评［J］. 教师教育研究，2007，19（5）：6.
③ 安桂清. 西方"整体语言教学流派"述评［J］. 教师教育研究，2007，19（5）：6.

的错误进行及时纠正。

（三）学习理论

在项目教学法中，重点在于发展学生的语言交际技能，因此，针对教学过程，在培养学生的交际能力方面有一些特殊的需求。第一，采用"从用中学"的原则，在实际的交际中学习语言技能，获取有效的回馈是语言学习成功的一个关键要素。这种回馈可以是积极的或消极的，但无论哪种形式都是必不可少的。学习者要想得到有效和真实的反馈，只有身处真实的交际中才能实现。第二，任务原则，也就是通过使用语言来完成实际任务从而促进语言学习。完成语言交际任务的过程通常是需要运用多种语言技能，在此过程中，学习者可以提高自身对语言技能进行综合运用的能力。第三，意义原则或者信息差原则，这意味着我们应该让学生置身于真实且有意义的语言使用环境中，单纯对语言结构进行机械练习是不可取的。实际上，之所以强调"有意义"，其主要在于借助真实的语言活动中的心理过程来进行语言交际教学。发起任何真实的语言交流，其最初的推动力都是想要传达某些信息。信息差是语言交流中的核心机制，没有信息差就没有意义，也就不会发生有效的语言交流。只有参与这些交际活动，学生才能真正体验到交际心理并获得真实的语言交际技能。第四，范例原则，本原则基于构建主义理论，主要强调学习者借助同化和顺应两种模式来习得语言。换言之，语言学习依托于规则也依托于记忆，记忆中块件的作用尤其突出，也就是说，人们的知识系统主要由块件组合构成。记忆块件是一种经过熟练的练习后以图像形式存储在人脑中的经验，这种记忆形式强调了通过模仿和归纳推理来学习语言的重要性。在商务英语中，有很多特别的词汇和传统的表达方式，这些表达方式通常不容易用规则进行分析。学习者可以从意义的角度来掌握这些语言习惯，并将它们应用到实际的交际活动中，逐渐熟练并记忆，最终逐步掌握相应的句法结构。这也就意味着学习者通过与外部环境的互动获得不同的经验和实例，从而建构和获得知识，而不是通过教师的机械灌输规则获得。项目教学的实践体现了建构主义的教育思想，其中蕴含着建构主体的教学原则、设计、方式等，是建构主义在教育领域的具体体现。项目教学促使问题定向学习，这对学生学习动机的形成非常有利，同时还能增强记忆的语义表征，让学生在情景化的学习中获得较好的学习效果。

项目教学实践是建构主义教育思想、教学原则、教学设计、教学方式和方法的具体体现，项目教学既能促进问题定向的学习，也能加强记忆的语义表征，从而有利于学习的情境化与学习动机的形成。

（四）社会文化观

项目教学从更加广泛的视角出发对语言进行考察，其秉承着交际法的理念，打破了对语言结构系统本身的局限。在项目教学中关注了使用的语言、使用的社会环境、使用的文化背景及社会功能，并且涉及了语言与这些语言形式之外因素间的互动关系，这些直接反映在项目教学法中。在人类的自然语言中，交际是最为基本的功能。因此，它被视为语言学习始终贯穿的目标、手段、起点与落脚点。语言教学需要关注学生的语境理解和应用能力，而不仅仅是其对于形式和结构规则的掌握。我们在这里所提及的语境具体包含两个方面：一是情景语境，二是文化语境。

文化语境指的是语言系统所依托的社会环境，具体来说，其包括：一是软环境，如制度规范、信仰价值、文化艺术、风俗习惯等；二是硬环境，如自然条件、经济条件、居住条件等。所谓的情景语境指的是在一个交际事件中的具体体现，其可以是一个词、句子、短语、文章，但都是一个意义的表达。学生应该能够将语言交际中的情景上升到文化层面，并将文化层面的知识应用于情景语境交际中。在商务英语教学中，鼓励学生在实际情境中应用英语解决问题以提高其综合能力十分重要。此外，培养学习者的团队合作和跨文化交流意识也至关重要，可以通过解决问题和完成任务来达到这一目的。这样做可以确保学生能在离开校园后快速地适应社会。

第二节 项目教学法在高校商务英语教学中的应用原则

一、突出项目的实用性、实践性和挑战性

在当前的国际商务环境下，高校商务英语专业旨在培养学习者流畅运用英语解决实际问题的能力。鉴于此，在进行商务英语教学的时候，需要注重实用性和实践性，使学生能够在实际应用中掌握语言技能和商务知识。

商务英语专业的人才在复杂多变的国际商务环境中会面对各种挑战与困难。鉴于此，为了让学生未来更好地适应商务英语工作，项目教学法在运用的时候，应该强调项目所具有的实践性、实用性。通过实际操作和实践，学生可以更好地理解和掌握商务英语知识，提高语言运用的能力和解决问题的能力。

要想让学生在学习中有较强的学习动力，激发学生学习的积极性，就应该让学生明确项目教育与其未来的就业之间有着紧密的联系。学生在这样的学习方式指引下，会转变思想观念，变被动为主动，更加积极地参与学习过程，从而提高学习效果。同时，这种教学方式也有利于培养出更多更专业的国际商务英语人才，为我国的国际商务发展作出贡献。

因此，在商务英语教学中，应该注重实用性和实践性，运用项目教学法教授课程，突出项目的实用性、实践性和挑战性。同时，我们也需要不断探索和创新教学方式和方法，以更好地满足学生的学习需求和提高他们的学习兴趣和驱动力。

二、兼顾语言与商务知识的学习

项目教学法是一种主动学习的方法，其将课堂学习与实际应用相结合，让学生在实践中应用所学知识，从而提高学生的应用能力和综合素质。在高校商务英语教育中，项目教学法尤其适用，因为商务英语教育的目标是让学生能够在商业环境中熟练地运用英语进行交流和协商。这不仅需要学生具备流利的英语语言能力，也需要他们掌握相应的商务知识和技能。因此，项目教学应该兼顾语言与商务知识的学习。

语言与商务知识的学习相辅相成。在商务英语教育中，语言是一种工具，商务知识则是应用这种工具的背景和前提。高校商务英语教育的目标是让学生能够在商业环境中成功应用所学知识和技能。通过项目教学，学生可以参与到实践中，亲身体验到商业环境，更好地理解商务英语知识的实际应用，并能真正体验到商务英语的重要性和实用性。这样，学生的学习动机和热情会更高，学习效果也会更好。在项目教学中，学生需要解决实际的商务问题或应用所学的商务知识来解决问题，这样可以提高学生的实际操作技能和解决问题的能力。这些技能和能力对学生未来的职业发展具有重要的意义。

综上所述，在高校商务英语教育中，项目教学法应该兼顾语言与商务知识的学习。通过具体的项目来促进学生的学习，并培养其实际操作技能和解决问题的能力，可以帮助他们更好地在商业领域中应用所学知识和技能，从而达到教育目的。

三、课内学习与课外实践相结合

项目教学法在高校商务英语教学中，其优点在于可以促进学生实践能力和综合素质的提高。该教学法通过将课堂学习与实际应用相结合，让学生在实践中应用所学知识，从而提高他们的综合素质。商务英语的学习需要学生掌握实际应用能力，这需要课内学习与课外实践相结合。商务英语教育的目标是让学生能够在商业环境中成功应用所学知识和技能。在商业环境中，学生需要面对各种商务问题和挑战，因而需要灵活运用所学知识和技能进行解决。通过项目教学，学生可以在具体的商业案例中进行实践应用，以培养他们的解决问题的能力和实际操作技能。这样可以更好地模拟真实环境中的情况，帮助学生更好地掌握商务英语知识。例如，在商务英语课程中，教师可以设计一个商务谈判的项目，让学生在课堂上模拟商务场景进行谈判，在现实情境中进行真实的商务谈判，有利于进一步提高学生的商务实践能力。

因此，项目教学法在高校商务英语教学中应该将课内学习与课外实践相结合。通过以真实的商业环境为背景的项目教学，学生可以更好地掌握商务英语知识。同时，课外真实职场实践也可以帮助学生更好地理解商业环境，提升他们的商务实践能力。

四、兼顾学生个体与群体全面发展

项目教学的实施过程是一个以群体为单位的活动，它要求学生组成一个团队，共同完成教师发布的任务。在这个过程中，学生需要相互协作，发挥各自的优势，共同解决问题，完成任务。教师可以设计一些个人任务和团队任务，让学生分别完成。在个人任务中，学生需要独立完成任务，展示自己的能力和特长；在团队任务中，学生需要相互协作，共同完成任务，展示团队的协作能力和成果。同时，教师需要对每个学生在整个项目中的表现进行评价，包括个人任务和团队任务的完成情况、团队合作能力、沟通能力、解决问题的能力等方面。通过这样的设计，教师可以更好地培养学生的团队合作能力和个体发展能力。同时，也可以避免团队合作中存在偷懒现象，确保每个学生都能够积极参与并完成任务。

第三节　项目教学法在高校商务英语教学中的应用策略

一、设计切实可行的项目

教师在实施项目教学的时候，应该为学生提供真实的项目案例，但是受限于现实的教学条件，有些教学案例很难得以施行。鉴于此，在进行日常教学时，教师应该对项目所具有的可实施性进行科学预估，并且根据实际情况设计出一些可以实施和科学的商务英语项目。为了提高学生解决问题的能力和水平，教师可以在真实的项目中为学生创设一些具体问题情境。在项目的实施中，让学生积极参与，主动收集信息，对项目的意义进行探寻，并且寻找问题的解决方案，这有利于增强学生之间的合作与沟通，提高学生的协作能力。

在对项目进行选择的时候，可以选择一些经典的案例，这比较具有现实意义。此外，教师也可以自己规划与时代发展和经济趋势相符的项目，对此，教师可以通过问卷调查或者企业走访、对毕业生的工作进行追踪等方式来掌握当前市场对商务英语专业的人才需求情况。

教师在对项目进行评测的时候，应该对项目所具备的翻译情境的必备要素进行审查，对于不具备这些要素的项目，应该及时进行修正。教师在对翻译产品项目进行设计的时候，应该着重注意以下要素：一是跨国企业、翻译社、私人企业等主办人；二是美国人、英国人、其他英语母语者等翻译者；三是解释产品的使用方式、介绍产品内容等翻译目的。

二、设计多样化的教学活动

在进行教学的时候，为了提高学生的学习兴趣和积极性，教师可以设计多样化的教学活动，来提高学生的专业素养。教师在教学的过程中，不仅扮演着教学活动的设计者和组织者的角色，还扮演着监督者的角色。因此，教师应该采用多样的方式帮助学生学习专业基础知识，掌握专业技能，学生只有具备扎实的理论基础和丰富的实践经验，才能成长为专业的商务英语人才，只有这样，学生才能为地方区域经济的发展服务。为了促进学生的学习，提高其学习的效果，教师在教学的时候，可以设计一些教学活动来辅助教学，如翻译工作坊和头脑风暴等。翻译工作坊主要是对专业的、具有商业性质的翻译机构进行模拟。教师在进行教学的时候，可以让 5 到 6 名学生自由组队，小组可以自行决定翻译工作坊的名称。此外，还可以选择合适的负责人来对工作坊进行负责。教师在项目教学的时候，让每个翻译工作坊负责一部分翻译项目的任务，之后再由小组负责人来对每个小组成员的工作任务进行分配。比如，有些学生负责与项目方进行沟通与联系，有些学生负责对项目进行翻译，有些学生负责审核工作，并且进行相应的修改和完善。教师让每个翻译工作坊来展示自己的项目稿，最后通过投票的方式选出最佳的翻译工作坊。所谓的头脑风暴主要指的是一种集体建构、集体思考、集思广益的方式。教师在商务英语的项目教学中采用头脑风暴的方法可以使一个项目有不同的思路和结果，在完成之后，学生和教师可以对各个小组或者同学的译文进行评分，最后选出最佳文稿。

三、丰富项目教学的资源

在对国际商务英语项目进行推进的过程中，学生基本上会面临各种挑战和困难。这些困难可能来自语言障碍，如词汇量不足、语法错误、发音不准确等。此外，文化差异也可能成为学生面临的挑战之一，因为不同文化背景下的商务礼仪、沟通方式、价值观等方面存在差异。缺乏实践经验也是学生可能遇到的困难之一，因为国际商务英语项目需要学生具备一定的商务实践经验和语言应用能力。面对这些困难，一些学生可能会感到无助和沮丧，甚至会因此放弃学习。教师在设计项目教学的过程中，应该充分考虑学生的实际情况和需求，尽可能地丰富项目教学的资源。这包括提供相关的书籍、文章、图片、视频等，以便学生能够更好地了解项目的内容和背景。教师应该建立在对学生有深入了解的基础上来对资料进行收集，对学生可能会遇到的问题进行预判，让学生在课上可以通过教师提供的资料来解决问题。同时，教师还应该鼓励学生积极参与项目的学习，引导他们主动思考和探索问题。在项目完成后，教师应该及时给予学生反馈和评价，帮助他们总结经验教训，以进一步提高他们的学习能力和水平。总之，教师在设计项目教学的过程中，应该注重学生的实际情况和需求，丰富项目教学的资源，预设学生可能会遇到的问题，并收集资料来帮助他们完成项目的学习。同时，教师还应该鼓励学生积极参与学习过程，并及时给予反馈和评价。

四、采用多元的考核方式

学生的学习方式和学习效果也会受到课程的考核方式的影响。在项目的实施过程中，学生是主体，但是在考核中，主体不仅有学生，也包含教师。鉴于此，在进行项目教学的时候，在考核方式的选择上，应该选择多元化的方式，在评分标准上不仅要包含学生的课堂参与情况、个人表现情况，也要包含学生在小组内的表现情况以及项目的完成情况，只有将这些方面纳入考核标准中，才能促使学生更加积极和主动地完成项目中的任务。教师在这一过程中，也应该对学生所面临的问题和困难及时给予帮助，来进行有针对性的、科学的指导。如果考核的方式过于单一，学生就会产生依赖心理，不重视小组合作，进而不配合小组工作，还会出现消极怠工的情况，不利于学生的学习。在对学生进行考核的时候，教师可以采用形成性评价和终结性评价相结合的方式，来促使学生在学习的过程中保持学习积极性和热情，以此才能实现学生商务英语交往能力的提高。在进行评测的时候，学生也可以参与其中，主要是评价教学设计、教学组织以及教学实施等方面，以此来对后续的教学设计与教学实施打下基础。举例来说，在对翻译外贸公司简介项目进行考核的时候，教师考核学生对公司简介这个项目的贡献程度。通过互相评价，教师可以借此实现对学生的引导，让学生学会反思和总结。在日常的教学中，教师在进行项目考核的时候可以采用多元的考核方式，这有利于学生学习效果的提高。语言课程应该保证实践性和实用性，对于这一目标来说，项目教学法的应用可以有效实现这一目标。基于此，教师在进行日常教学的时候，应该坚持项目教学，并且要对教学活动进行多样化设计，实现教学资源的丰富化、考核方式的多元化，只有这样才能有效地实现项目教学，学生也因此才能具备语言沟通能力，以及提高自身的主动探究和团结协作能力，从而成长为复合型、应用型国际商务英语人才，更好地完成各种国际商务工作。

第四节　项目教学法在高校商务英语教学中的具体实施

一、项目教学模式在商务英语专业教学中的实施程序

（一）确定项目目标

学生在学习四年的商务英语专业之后所应该达到的水平，教师应该有所预设和把握。首先，在语言技能方面，要求学生可以进行顺畅和流利的商务对话，并且可以完成商务会议的召开、商务谈判的推进以及商务报告的撰写等；其次，在商务知识方面，学生在经过四年的学习之后，应该可以进行市场分析，并且可以熟练完成产品的定价、报价及询盘等工作；最后，在跨文化交际方面，学生应该对商务礼节有所掌握，并且明确跨文化

交际与同文化交际之间存在的差异，同时，明确商务英语应该使自身成为中外沟通的重要纽带与桥梁。总之，在商务英语教学中应该坚持"以始为终"的原则，在对项目目标进行确定的时候应该进行反向思考。

此外，项目学习一方面是一种学习和协调工作的方式；另一方面，其也是一种对信息进行收集和呈现的方式。项目成功的关键在于团队协作，项目展示以及项目演讲等可以有效展现学生的实力。在项目学习中最为突出的一点在于教师可以对多种学习目标进行整合，一方面能保证学生对课程内容的学习，另一方面还能帮助学生养成良好的思维习惯，提高自身的语言技能，从而进一步提高学生的工作能力和职业素养。

（二）开展项目设计

1. 项目载体

（1）项目选题

教师可以从报纸、期刊、互联网等渠道来获得项目选题。另外，教师之间的沟通与交流也会迸发出新的项目主题。此时，教师可以对这个想法进行追踪，找到源头并且按照课程标准的要求对其进行整理。

（2）项目范围

对于项目而言，可以是长的，也可以是短的，可以是较短的一周到两周的项目，也可以是有限定范围的项目，也可以是时间跨度更长的项目。教师需要对项目的范围进行确定，也就是说要对项目中所包含的活动进行确定。一般来说，商务英语活动具体包含角色扮演、商务报告、故事设计、案例讨论等。教师在对项目范围进行确定的时候，应该对学生当前所具备的能力和经验进行考量，并且需要明确学生对课时的安排、相关的主题内容，也要从教师自身的经验出发，考量对项目的驾驭能力，在此基础上进行范围的确定。

2. 项目标准

（1）选择课程标准

在学年开始之前，应该首先选择对应的课程标准，这是在设计项目之前应该明确的，在选择的时候有一个关键的策略就是不要将太多的课程标准内容融入一个小的项目中，要保持适量。

（2）确立项目的设计标准

一个项目应该包含：真实性（Authenticity）、学术严谨性（Academic Rigor）、学以致用（Academic Exploration）、积极地探索（Active Exploration）、与成年人的联系（Adult Connection）和实际应用（Assessment Practice）。

3. 项目步骤

（1）项目驱动问题

对于项目的驱动问题，应该要让学生保持学习的兴趣。此外，还需要使驱动问题具有一定的现实意义和思考深度。教师可以选择开放性的题目，如 Salary negotiation（薪水谈判），教师在进行此项目的时候，应该积极鼓励学生参与其中，提高课堂互动性。

对于驱动问题，不存在明确的答案或解决办法，需要保持开放性。对驱动问题进行解决并非是简单的事情，需要学生收集、整理信息，并且需要对信息进行分析和研究，然后在此基础上进行批判性的评价。驱动问题应该保持开放性，也就是说，对于驱动问题而言，其答案不能为"是"或"不是"。

驱动问题应该直接指向某个主题或者科目的核心内容，当然，驱动问题也可以将重点放在对某一个学科领域中专业知识的热点争议方面，学生在此过程中，不仅要对课程的内容进行学习和掌握，还需要对学习内容进行深化，并且要提出具体的解决方案。

驱动问题的内容必须符合课程标准。在进行项目教学的时候，教师应该积极引导学生，帮助学生掌握课程标准中学生需要掌握的知识和技能，教师也应该保证驱动问题可以帮助和引导学生学习到其应该学习到的和必要的东西。

（2）项目活动规划

在进行项目时，需要制定项目计划，这个计划就像教案设计一样，但不仅要考虑项目目标和结构设计，还要考虑项目计划的可扩展性。商务英语教学项目会将语言学习目标按照不同阶段进行细分，并将每个目标再进一步分解成语言能力、语言任务、语言知识、语言技巧、语言活动和反馈等多个子目标。因此，其作为设计方案，需要考虑如何将项目与学生各项语言技能发展相联系，并实现与实际商务活动相融合的目标。

① 商务英语教学组织任务活动

将项目基于现实的商务活动拆分为上述一系列任务，学习商务英语习语并撰写商务报告可以帮助我们更有效地规划和评估项目。此外，这还有利于对项目评价进行有效规划和实施，并且还能保证每一项任务可以分配到合适的时间。在项目启动之前，应该先对学生的知识水平和知识储备进行了解和掌握，明确学生当前的知识储备是否可以保证学生顺利完成项目以及保证项目成功。如果不能，教师应该花费一些时间来辅导并帮助他们对这些关键技能进行学习和掌握，以便学生在项目执行的过程中能够更为高效地完成任务，同时也能够增加项目成功的可能性。

② 教学项目的启动

启动教学项目有如头脑风暴、情景会话、现场参观、案例等多种多样的方式。鉴于此，教师需要准备一份"启动文档"的文件，在这份文件中需要对每一种启动方式进行详细描述，并且还要对每一种方式所针对的学习内容以及任务进行阐述，同时也应该设定对学生完成项目的期望情况。

③ 收集资料

收集资料并非是一种简单的工作，其需要进行准备或者进行培训。我们需要处理好商务英语整体资料与部分的语言资料之间的关系，并且要保证每一个语言技能训练资料都能支撑着整体资料，同时整体的资料也要对每个部分的资料有着积极的强化作品，只有这样，学生才能在这一过程中有身临其境的感受，才会更加投入学习之中。

④ 确定商务英语教学项目计划表

当我们对项目的主要活动进行确定之后，应该对整个项目中所包含的所有工作进行生动描绘，然后在此基础上制定项目进度表，以此来对重要活动的预计日期进行明确。

（3）项目活动管理

教师在学生学习的过程中扮演着管理者的角色，此外教师还会在此过程中扮演着其他的角色，要想确保项目的成功，教师应该从以下管理任务入手。

① 教师应该自始至终让学生围绕项目目标，并且要与学生分享项目目标。教师也应该及时向学生介绍项目目标与背景。为了保证最后项目的成功，教师应该注重学生的未来发展与项目目标之间的关系。

② 教师可以使用合适的问题解决工具。在对项目进行管理的时候，教师应该选择合适的工具，借助工具可以使得学生将焦点对准项目问题；有的工具的使用可以帮助学生来追踪思路发展，最终保证项目方案得以实现。在进行项目学习以及基于问题的学习时，以下工具都可以帮助学生进行学习。

第一，"知道/需要知道"清单，通过这个清单，学生可以在最开始就对项目以及问题有所了解。教师可以让学生将自己已经掌握的语言知识列出，并且列出学生所知道的与商务项目驱动问题有关的信息，同时，教师也应该积极鼓励学生，让学生表达出对此主题的想法。

第二，学习日志，这具体包含项目日记或者日志性文件，学生可以在此记录自己在学习中遇到的问题和困惑，并且也可以对重要的知识点进行记录。学生所书写的学习日志可以建立在课堂笔记的基础上。学习日志是一个非常好的、对学习过程进行记录的工具，也是一种非常实用的项目过程记录文件。此外，我们还能对学习日志进行评分。

③ 检查点和里程碑的设计。监测学生学习过程的措施不管是正式的，还是非正式的，在整个学习过程中都是必不可少的。对于整个项目来说，每一个项目管理方法都会对其进行划分，这样可以单独更新各个部分，以此来确保项目的最终学习目标的有效实现。比如，各个小组长会撰写非正式的项目进展情况报告，教师也会撰写教师项目日志，各个小组或者整个班级会在每周的例会上进行反思与讨论等。

④ 制定计划以进行评估和反思。关于项目中的学习经历和体验，如果学生有机会进行研究、分析、讨论与评估，那么他们就可以对所学的知识有更加深刻的理解，对所应用的技能有更好的掌握。教师应该在项目结束之后为学生留出时间，让学生对项目进行总结，并对项目的结果进行研究和分析，只有这样，学生才可以对在该项目中所学习的知识和技能进行掌握和巩固，为之后在未来项目中的应用打下基础。我们可以通过鱼缸式讨论法或者是全班情况通报会来进行项目的最终评价。首先，鱼缸式讨论法主要指的是对全班情况通报会的延伸与变形，全班同学围成圆圈，每个小组在进行项目情况通报的时候要在这个圆圈中间。这样外围的同学主要扮演着听众的角色，但也会参与讨论。其次，全班情况通报会主要指的是选择一名学生作为辅助，并且需要其提出关于这次项目内容的问题，然后全班学生围绕这些问题进行讨论，学生在这一过程中可以积极锻炼自身的团队协作能力，实现自身倾听能力的提高，同时也可以发展学生陈述和批判评价能力。这种方式有利于让学生明确在项目中反思和回顾所具有的重要性，在此过程中，也有利于学生建立起一个共识性的学习标准和共同的学习目标意识。

（三）进行项目评价

每一个项目都应该有项目作品，这是项目明确输出的结果。此作品应该对项目学习目标进行体现，目的是希望学生能够掌握知识、语言技能及思维习惯。

（1）学习目标应该与项目作品相吻合。如果已经明确了项目学习目标，我们可以从学习目标入手进行倒推，选择与学习目标相吻合的项目作品，以此来进行项目评价。在项目中完成的演示、展览、论文、模型等都可以成为项目作品。教师为了对学生在项目过程中的语言技能及思维习惯进行评估，可以将在项目过程中使用的文件作为学生思考过程的佐证。

（2）明确评价内容。我们需要分解知识和技能，分解为对学习目标的准确描述，这也成了评价过程的重要前提和基础，学生也可以通过这些内容明确自身应该学习的内容。举例来说，口头陈述中"陈述"最少包含与听众的目光接触、肢体语言、语音语调这三项子技能。此外，口头陈述还可以包含很多其他方面，如引人注目的开场、连贯顺畅的表达、蕴含与主题相关的事实等评价元素。

（3）评价表的使用。项目学习目标不仅包含知识性的目标，也包含能力性的目标。学生怎样表现才能达到标准，可以在评价表上进行清楚得描述。因此，设计一个好的评价表至关重要。

二、项目教学法在口语教学中的实施

（一）大学英语口语教学现状及问题分析

英语作为一种世界性通用的语言，主要用于信息传播和交流。英语口语教学目标是使学生能够自如地运用英语交流，并在日常生活、学习和工作等各领域中有效应用。然而，由于许多学生在校期间并没有得到足够的口语训练，因此在实际应用时，他们的交际和对话能力都很差，被称为"哑巴英语"。

之所以会出现这样的问题，主要原因在于我国的口语教学模式没有及时进行更新，依旧是教师讲解、学生听的模式。学生在进行学习的时候没有非常多的应用英语的机会，也没有英语口语练习的机会。随着社会的发展，我国也在进行教育教学改革，当前素质教育已成为我国教育教学的重要改革方向。随着对外交流的不断加深，社会中急需大量优秀的综合性英语人才，学生所具有的英语口语表达能力在当前的社会中有着越来越重要的地位。教育者应该帮助学生提高口语表达能力，以此来适应社会的发展与变化，满足社会的需求。当前，经济一体化的程度不断加深，英语作为一种交流工具有着越来越重要的地位，人们对英语口语教学的重视程度也随之提高。

横向来看，英语口语教学的覆盖度变大，部分高校甚至单独开设口语培训班；纵向来看，英语口语教学的专业度和深入度还仍稍显不足。虽然《大学英语课程教学要求》早将英语的听说能力纳入教学重点，但英语口语教学仍是目前高校教育工作者的难点。此外，在高校的英语口语教学中还有很多问题。

社会的发展与进步促使我国有着越来越高的英语教育要求，人们对于英语教学的重视程度不断加深。在我国的很多地方，在幼儿园开始就为孩子开设英语课程，让孩子从小接触英语。若站在发展教育的视角来看待这种情况，这对于学生积累英语知识是有利的，会深刻影响学生的未来发展。然而，在教育实践中，会遇到很多的教育教学问题。例如，在幼儿阶段对学生实施英语教学，着重点在于英语发音教育，但是此阶段学生的年纪较小，对于教师所讲述的内容很难进行有效理解，这就会导致学生的英语发音不标准。此外，在教学的过程中，教师对英语教学非常重视，学生基本上接受的是灌输教育，在这种情况下，学生很难保持学习英语的兴趣，这也与英语教学最终的目的相违背，这对学生未来接受高等英语教育并不能打下基础，而是会产生不利的影响。

当前英语口语教学得到了一定程度的重视，但从大环境来看，高校英语的教学取向仍以应试为主，教学评价模式与当前时代需求不匹配。这是因为高校英语的大型考试并没有进行硬性改革，以及口语教学的模式没有随着时代需求进行创新发展所导致的。

一方面，在教学评价中，本科高校普遍需要进行的学分制考试以英语四级、六级笔试考试为主，学生在通过笔试考试后可以"选择性"地参加口语考试。在英语四级和六级考试中，笔试考试和口语考试分开进行，成绩分开计算，除英语专业外，大部分高校没有学生必须进行四六级口语考试的硬性要求，这导致高校师生对口语考试及口语教学的重视程度相对于笔试考试而言较低。

另一方面，教学评价模式不合理。教师的教学内容多偏向于应试考试，以"结果"来衡量"教学过程"，英语口语教学的实用性较差。因教学取向应试化，大学英语逐渐成为"过级教育"。学生以过四六级为目标，教师的教学内容也多围绕四六级教学内容开展。在此情况下，教师英语口语教学的内容没有与时俱进，口语练习的相关背景和知识点较为滞后。

因此，需通过项目教学法指向目标的多重性，摆脱英语"过级教育"的单一目标，将英语的"应试教育"转变为"应用教育"，改进教学评价模式，全面提高教师教学内容的有效性。

当前在我国的英语教学中，基本上教师依旧采用传统的教育教学方式。教师主要是课堂的主体，将英语理论知识灌输给学生，并未重视培养学生的口语表达能力。这就导致了所培养的学生没有较强的口语表达能力，这对学生的未来发展而言是不利的。

受限于我国的应试教育模式，不少英语教师都会在教学过程中将成绩视为对学生进行评价的唯一标准。一些学习能力不强的学生在这种标准的影响下很难点燃对英语学习的兴趣。

教学环境会对英语教学效果产生影响，当前在我国的英语教学中并没有很好的适合学生进行英语口语练习的环境。在教师对学生进行英语口语教学的时候，不会对英语中的知识和内容进行延伸，仅仅是给学生传授英语教材中的口语知识。除此之外，教师也并未高度重视英语口语，加之，部分教师也尚未有准确的发音，甚至在英语口语中有乡音，这就会导致教师在进行教学的时候很难为学生提供专业的英语口语教育。

此外，教师的口语教学对学生造成了不良影响，学生很难有较高的英语口语表达能力，进而导致了学生很难使用准确无误的英语发音与其他人进行英语的交流，久而久之，学生就很难保持学习积极性。鉴于此，我们应该对教学方式进行更新，并且对教师的英语发音及时纠正，只有这样才能使学生对英语口语知识的需求得到满足。

英语口语教学的互动具有模式化特点，即在英语教学中，每个章节的互动场景、内容都以模式化进行，学生通过分组来进行模式化演练。模式化的教学方式可以使英语口语教学效率提高、英语口语的理论教学与实践教学衔接较为顺畅。

然而，模式化的互动教学具有单一性，学生在同种模式下进行演练，久而久之参与度就会降低，以及会对英语口语的学习兴趣锐减，且在模式化的教学方式下，教师对场景的设置无法做到完全真实，情境设置的章节也较少，从而会导致教学趣味性下降。

现如今模式化的互动形式多以课堂案例演练进行，教师挑选学生或学生自己举手，以生动性的互动教学来进行口语案例展示。然而，因学生基数较大、口语教学时间较少，此类互动无法让每个学生都能够参与进来，久而久之，就出现了"优更优、差更差"的现象。

英语口语教学要求学生能够"说出来"，因此，以项目教学法为切入点，让学生自己进行项目的实施操作，多元扩大教学互动模式、提高学生的参与度，有利于增强学生表达英语的自信心，提高大学生英语口语能力的平均水平。

随着全球化的发展和新兴职业的增多，英语职业口语类别更广、专业度更高。目前，英语职业口语包含翻译英语、商务英语、旅游英语、医学英语、教育英语等已有口语类别，以及电子英语、国际传媒英语等随着科技水平的提高而出现的新兴职业口语类别。

然而，目前英语口语教学中的职业化口语教学泛化，使学生在实践交际时的口语可用性不强。

首先，职业化英语口语教学事实性知识较多，方法性知识较少。英语口语的社会功能性、交际性会出现在不同的场景之中，高校教师多教授事实性理论知识，学生无法内化成自身的方法性英语思维，所以在使用职业英语口语时无法做到灵活应变。

其次，职业化英语口语教学泛化，深入度不足。目前高校口语教学中对职业英语口语的教学内容大多停留在表面，知识体系及知识内容较为浅显，这是由于当前英语教学体系设计与职业人才的口语需求不匹配所造成的。高校教育工作者在时间和精力上难以平衡不同学生的需求。因此，可通过项目教学法进行职业分类，让学生自己在做中学，教师只用进行辅导性工作。这样不仅可以解放教师，还可以提高学生职业英语口语的专业性，从而促进学生学习深度的增强，有利于达到双赢效果。

最后，专业英语口语教学的泛化还与教师自身的素质能力相关。专业英语口语具有职业性，英语教师的教学能力无法深入涉及各个职业，这就会导致教学内容浅显或不准确。目前高校英语对教师队伍的整合力度不够，英语教师的职业培训随意化、零散化，教师自身的职业知识参差不齐导致了教学实践效果不足。

在当前的高校外语教学中，提高学生的交际能力和口语水平是重要的目标。项目教学法以学生为中心，依托于项目任务，实现了对传统口语教学模式的改革，是一个采用多种评价来保证质量的综合性多模块的口语课堂。

（二）项目教学法在商务英语口语课程中的实施

在学习语言的时候，只有依托于情境才可以达到最好的效果。教师采用项目教学可以为语言学习者提供真实的情境，实现对现有教材的拓展和延伸。对此，教师在对项目情境进行设计的时候应该从真实的问题与材料入手来进行知识的拓展与延伸，此外，教师也可以采用多媒体、视觉教具等来辅助教学，帮助学生从更加立体和生动的角度来对项目的执行情况进行展示，只有这样才能让学生实现有效的口语输出。

1. 教师确定合理的，有效的情境项目

要想完成项目教学，项目任务的确定是重要的前提与基础。在对项目任务进行选择的时候，应该选择专业、有热点的情境项目。比如，在设计与计算机有关的口语练习时，我们可以立足于软件、网购、社交软件等角度；在设计与建筑专业有关的口语练习时，我们可以立足于世界知名建筑物的布置，查找建筑师和建筑风格流派等相关资料，对这些信息进行讨论和呈现；在设计与学生出国旅游、求学有关的口语练习时，可以设计一些如办理签证、交通运输、出入境、住宿餐饮、学校报到选课、求医开药等与学生工作学习、衣食住行等息息相关的主题情境实践项目。学生在准备和执行项目任务的过程中，可以学习和掌握相关知识，并且还能对相关的词汇进行搜集和学习，对交际语言文化有所了解。教师在设计项目任务的时候，应该对学生的整体英语水平进行深入了解，基于此，设计出与学生的语言经验相吻合且有挑战性的、合理的任务。

2. 实施项目方案

在口语项目教学中，项目方案的实施是最为重要的一环。教师应该对学生详细论述项目目的，只有让学生充分了解任务的要求才能实现对学生的引导，引导其探寻任务完成的方法和方案。教师还可以为学生示范如何执行任务，积极为开展英语口语项目教学营造出良好的氛围，以鼓励学生积极参与。学生依托于项目计划来落实和实施具体的操作，学生可以在对项目进行探索的过程中积极发现问题、提出问题，进而提出解决的方案，并对方案进行及时调整，以此保证有效输入语言，学生还可以通过操作、展示和评价项目来内化语言能力。

3. 项目的展示与评估

在执行完项目之后，在进行成果展示的时候，教师要积极鼓励学生充

分展示自己所负责的部分，并且要积极引导和鼓励小组对团队任务完成情况进行总结。

评估项目结果有多种评价手段和方式，如学生自评、小组互评、教师总评，也可以多种方式结合，或者教师从项目完成的实际情况出发，为学生和项目量身定制个性化的、有针对性的评估标准。针对任务过程中的薄弱环节和任务成果中的问题，教师可以为学生提供指导，并且为学生提供改进的建议。

（三）项目教学法在口语教学中实施的思考与启示

学生们在完成了相关项目的口语课之后，会发现之前不够了解如何准确填写英文表格，以及在面试交流中所能使用的词汇量也不够多。学生在执行项目的过程中，一方面会对有关的词汇有所记忆和掌握，而且还完成了语言输出，并且通过实际操作完成了英文网页的浏览、操作、登录、填写、提交等程序，在此过程中学生对英文的使用有了更加立体和深入的认识。项目教学法在实践教学的检验下，实现了对口语课堂教学方式的更新和丰富，也进一步实现了对口语课程教学容量的拓展，在调动学生学习积极性、主动性的基础上，还实现了学生口语水平的提高。

采用项目教学法可以激发学生的学习兴趣，实现对传统"填鸭式"教学的突破，并且通过对生活和工作中实际场景的模拟，可以让学生的学习更加具有真实性，实现课堂教学的充分参与以及理论与实践的有机结合。

通过采用项目教学法，高校英语口语教学实现了口语课程的三个重大变革。

（1）教学中从以教师为中心转变成以学生为中心。之所以进行口语教学，主要原因在于让学生通过大量的英语口语练习与口语实践来提高其口语交际能力和水平。因此，在项目教学中，学生是课堂的中心，学生掌握学习的主动权，实现了学生课堂角色的转变。

（2）课堂教学从以课本知识为中心转成以项目学习为中心。在教学中，教师和学生实现了对课本局限性的突破，立足于现实需求和实际生活，也实现了对学习项目的自主设计和有效选择。这有利于英语口语教学目标的实现，也有利于实现有针对性的人才培养。

（3）教学从开始的以课堂为中心转变成当前的以情境为中心。情境教学在项目教学中有着非常重要的地位和作用，学生在与现实生活非常贴合的场景中，获得了学习体验，并可将所学知识应用到实践中。

英语口语教学模式的改革得益于项目教学法的应用，这有利于为社会培养出更多专业的应用型口语人才。此外，值得关注的是，在我国，教师队伍的素质存在差异性，地区间的教育资源分配不够平衡，还存在着职位紧缺的情况。因此，在英语口语教学中普及和推广项目教学法还是一个长期性的、需要反复进行实践的过程。

三、项目教学法在听力教学中的实施

（一）商务英语听力的课程特点

在听力这一模块，商务英语与普通英语是有所不同的，不管是在词汇上、句型上，还是在题材上，商务英语听力都有其独特之处。在进行商务英语听力教学的时候，不应该仅仅教授给学生英语知识，还需要在此基础上将商务知识传授给学生，让学生在学习中掌握商务英语所特有的词汇、句型等，以此来提高学生的商务英语沟通能力和水平。鉴于此，商务英语听力应该将侧重点放在实践训练上，并以教学项目任务为中心，让学生在具体的情境中锻炼和掌握基本的商务英语听说技能。

在商务英语听力课程教学中应该强调，在实际商务场景中运用语言技能的能力。因此，在进行教学的时候，应该着重培养学生在各种商务环境中进行商务沟通的能力以及对问题进行处理的能力。学生在这样的教学中可以提高自身的能力，为之后的工作打基础，并且可以很好地实现商务英语教学的培养目标。

（二）项目教学法在商务英语听力课程中的实施

1. 教学内容设计

在商务英语专业中，从教学标准上来看，商务英语听力课程是一门必修课程。对于学生而言，这门课程也是一门专门针对语言技能进行训练的课程，主要目的是保证学生在各种商务环境中可以理解英语，并且可以运用英语实现对现实问题的解决。通过学习商务英语听力课程，学生可以提高自身的英语听说能力，实现将英语熟练运用于各种商务活动中的目的。

从当前学生可能会在未来就业中面临的英语听说任务来看，本书总结了一些典型的商务场景，具体包含 8 个教学项目：（1）参加展销会；（2）工厂参观；（3）产品介绍；（4）询盘；（5）议价；（6）下单；（7）投诉索赔；（8）广告营销。我们设计了具体的项目应用场景来实现对以上这些教学项目的串联，如表 4-4-1 所示，我们将此作为教学载体来实现教学项目的串联。

表 4-4-1　教学载体表

项目内容	技能目标	知识目标
1. 展销会 Trade Fair	1. 能听懂对展销会的英语介绍，抓住关键信息 2. 能听懂相关的对话及短文 3. 能用英语就展销会相关问题做一些简短讨论	1. 掌握基本的展销会相关英语词汇 2. 了解参加展销会的流程 3. 了解一些有名的国际和国内的展销会
2. 工厂参观 Factory Tour	1. 能听懂常规的英语介绍 2. 能用课堂所学词汇和句型介绍公司	1. 掌握工厂介绍有关的基本词汇和句子结构 2. 了解参观工厂的基本要素 3. 了解在商务活动中参观工厂的重要性
3. 产品介绍 Product Presentations	1. 能用所学的词汇和句型介绍某种产品 2. 能听懂产品的介绍	1. 掌握产品介绍相关的词汇和句型 2. 了解产品介绍的程序要点
4. 询盘 Making Enquiries	1. 能听懂询盘相关的英语对话和短文 2. 能用英语讨论询盘的目的和方法 3. 能用英语询盘与回复	1. 掌握基本的有关询盘的词汇 2. 了解询盘的基本要素 3. 了解如何询盘、回复、报价等

续表

项目内容	技能目标	知识目标
5. 议价 Negotiating Prices	1. 能听懂有关议价的英语对话和短文 2. 能用英语讨论议价的方法和技巧 3. 能用英语进行基本的讨价还价	1. 掌握议价的基本词汇和表达法 2. 了解议价的基本步骤 3. 了解议价的技巧
6. 下单 Placing an Order	1. 能听懂有关下单的对话和短文 2. 能用英语下订单	1. 掌握有关下订单的基本词汇和表达法 2. 了解订单和合同的区别
7. 投诉索赔 Complaints and Claims	1. 能听懂产品投诉和索赔相关的对话和短文 2. 能用英语进行投诉和索赔	1. 掌握和投诉及索赔有关的基本词汇和句型 2. 了解处理投诉和索赔时的基本要点
8. 广告营销 Marketing and Advertising	1. 能听懂广告和营销相关的短文和对话 2. 能用英语简单地描述产品,促销产品，做产品预测等	1. 掌握广告营销相关的词汇和句型 2. 了解广告和营销的基本要素

2. 确定项目及实施教学

教师应该根据商务英语专业的要求来对项目进行选择，而且还需要考虑项目的实用性，要对听力教学中不充足的语言环境进行弥补。此外，选择的项目也应该与学生未来要从事的事业或岗位相关。以下我们具体论述商务英语听力中项目教学法的应用问题，主要以产品介绍（Product Presentations）这个子项目来进行阐述。

在美国的纽约有一场电脑和复印机的展销会，此时广州的旺达公司非常需要购置一批电脑和复印机，为了对电脑和复印机的最新发展有所了解和掌握最前沿的发展趋势，公司派遣 4 名采购人员去纽约参展，之后返回总部进行汇报，从公司的实际需要出发，进行精准采购。

教学步骤一：分析项目

教师在将项目引出之后，教师应该引导学生分解项目，将大项目分解成一个个小的、具体的任务，但在进行分解之前，学生应该先对以下问题进行回答。

（1）Do you know the main brands of computers or photocopiers？

（2）How to describe a computer or a photocopier？

（3）If you were a sales representative，how to explain the operation process and answer some technical questions？

学生要想回答以上这三个问题，就需要有足够的知识储备，对市场上的电脑和复印机的品牌有所了解，并且还能用英文进行如下表述：如何介绍电脑和复印机的具体内容，在进行介绍的时候可以使用什么样的句型和词汇；如果操作电脑和复印机，不同品牌的电脑和复印机有什么常用功能、突出特点及优势等。

让学生每 4 个人进行分组，对相关的信息进行总结，并且据此来制定小组内的分工计划，完成计划表（见表4-4-2）。

表4-4-2　小组分工计划表

小组成员	个人任务
采购助理	根据所听音视频总结电脑和复印机的主要品牌及英文表述
采购人员	根据所听音视频总结电脑和复印机的介绍方法和步骤，需要介绍的主要内容以及相关的英语术语和句型
采购人员	根据所听音视频了解电脑和复印机的操作方法及常用功能，不同的牌子的品牌特点及其各个牌子的优势
采购经理	分任务，组织小组讨论，总结其他小组成员所听到的材料

每个小组应该协同合作，将具体的、明确的任务在规定时间内达成。在学习中，教师需要扮演指导者的角色，努力避免学生做无意义的努力。

教学步骤二：完成任务

为了顺利完成项目任务，教师可以组织学生观看和听取有关电脑和复印机的视频和音频，以此来为任务的完成做好准备。在听音频资料的时候并非单纯地听，学生还应该根据资料对电脑和复印机的相关词汇和句型以及具体的介绍方法、步骤等进行学习和掌握，并在此过程中对电脑和复印件的操作办法、功能特点及品牌优势等进行明确和总结。鉴于此，教师在对音频材料进行选择的时候，应该涵盖以上内容，这是一项具有很大工作量的工作。

教学步骤三：小组讨论

每个小组都应该从所听到的音频资料中完成表 4-4-2 中的任务填写工作，以实现对材料的总结。为了对音频资料中的完整信息进行记录，学生应在教师的引导下灵活地运用听力的速记、写关键词或短语等技巧来保存完整信息。当小组中各个成员完成了各自的任务之后，作为采购经理的组长应组织小组成员对所获得的资料进行讨论和研究。每个学生的听力水平是不同的，有的小组成员很难获取到完整的信息。对此，教师可以引导学生通过网络、查字典等方式和渠道来获取完整的信息，实现对信息的完整补充。在学生自己的努力下获得了完整的信息，这可以极大地调动学生学习的积极性，使其更好地完成任务，并且还有利于激发学生积极主动地查找资料来顺利实现任务的完成，也可以借助这样的方式提高学生对信息进行收集、处理和分析的能力。

教学步骤四：小组展示与教师总结

教师可以在此阶段为学生打造一个模拟的小型展销会现场，每个小组根据所总结的资料，派代表来对电脑或者复印机进行功能、方法及优势的介绍，通过这样的方式，教师可以明确学生对所播放的音频资料是否真正了解和掌握。

教师应该在小组展示完成之后，对小组学生的音频听懂程度进行评价，还需要对学生在介绍产品时的表情、语气、与观众的互动等进行评价，之后学生根据教师对每个小组的评价，可以改进自己的不足，进一步完善自己的沟通技能。

教师在对小组评价完成之后，将所有的音频资料的原文发给所有学生，让学生根据原文再听一遍，并且根据正确的资料对自己的总结进行完善与修改，最后，教师与学生一起对最开始的三个问题进行回答。

3. 考核与评估

在考核项目教学法的时候，应该采用多样化的考核方式。这是由于其特点与实施过程决定的，在进行考核的时候，可以采用形成性考核与终结性考核相结合的形式。在形成性考核中，应该具体包含：每个学生的课堂出勤率（平时表现）；组内任务完成情况、组内任务配合情况、组内参与度、积极性及完成作业情况（项目考核）。具体占比可以为项目考核与终结性考核占比为40%，平时表现为20%。

（三）项目教学法在听力教学中实施的思考与启示

在英语听力教学中，项目教学法的应用可以有效地调动学生的学习积极性和主动性，并且在此过程中，学生发现问题和解决问题的能力也能得以提高，从而实现学生英语听力学习动机的增强，以及实现对自我知识体系的完善。将商务技能与商务知识融入项目教学中，在调动学生积极性和热情的基础上提高了商务英语应用能力。

在传统的教学模式中，一般是教师放录音，学生听的教学模式，而项目教学法打破了这种教学模式，教师应该对项目进行科学和合理的设置。教学目标所提出的要求，应该在项目中的知识点和能力点上得以体现，以此才能使学生的英语应用能力得到有针对性的提高。教师在对项目进行设计的时候，应该对学生的认知水平进行考量，同时从学生的英语实际水平出发，对项目实施的可能性进行预测。此外，在开展项目过程中必然会遇到很多的影响因素，学生也会在此过程中产生很多问题，教师应该提前预测，并且准备相应的对策。在对学生进行评价的时候，应该采用形成性评价与终结性评价相结合的方式，对学生的项目与过程中的表现以及具体的子项目进行评价。

在商务英语教学中，采用项目教学法要求教师承担更多的职责，对教师有着更高的要求。鉴于此，教师应该积极了解和掌握听力教学的前沿发展动向，积极利用网络资源，为学生提供最前沿和最贴合实际的商务音频、视频材料。商务英语专业的教师应该在课余时间学习商务知识，并且与相关的企业合作，在真实的企业中进行锻炼，以此了解和掌握真实的商务实践技能，实现行业经验的积累。教师作为高校商务英语听力教学的主要负责人，不仅需要掌握扎实的英语专业知识，还需要对商务知识有所掌握，只有这样才能在教学的过程中实现二者的结合并引进项目教学，从而实现对复合型商务英语人才的培养目标。

四、项目教学法在写作教学中的实施

当前，很多单位所期望的商务英语专业的人才，应该是具备一定的实践能力的。他们希望在大学期间，学校就能培养学生各种和专业相关的基本实践能力。这样，以后参加工作，因为已经掌握了一些基础技能，这些新员工就不必从零开始，就能更快地适应工作内容和工作节奏。学习商务英语的人将来的对口工作大多是与英语有关的涉外工作。所以这些人一定要具备良好的职业素养，尤其是要把语言掌握好，且能并在具体的商务活动中准确、灵活地运用。要想具备这些能力，首先要有过硬的英语基础知识，尤其是商务英语写作知识。所以，在商务英语写作能力的培养中，老师更应该改变过去一板一眼的教学模式，注重实践，让学生多练习，促进写作能力和表达能力的双向发展。

（一）商务英语写作教学现状与改革思路

要想学好商务英语写作，就要先会写信。现在很多信件都是关于进出口贸易的，其内容包括询价、报盘、支付等进出口贸易的各个环节，这些内容都需要在信件里表达准确。商务英语写作最重要的就是参照范例，多写多练，特别是商务英语信函的写作练习，这也是商务英语教学特色的体现。

从目前的情况来看，教师在教商务英语写作时有一些不合理的地方。

比如，将理论与实践分开，少了内部搭建。以往上课，老师都会先给学生讲理论知识，讲单词和句式，再通过汇总这些知识来告诉学生怎么写作文。学生在写作的时候也是模仿完成，没有创意。在讲课的过程中只有理论知识，没有具体场景的实践，没有创意点，表面上学生掌握了不少理论知识，实际上在具体操作中却很容易不知所措，不知道怎样通过商务英语和别人去交流。

较少的商务英语写作课时和教学评价，也影响了学生们的学习效果。商务英语如果进入到写作模式，那就是让学生们全面发挥自己的创造力，去独立完成一份和他人交流的工作。这是一次对学生非常系统的考核，既能考查他们语法怎样、掌握的词汇多不多，还能考查他们会哪些商务知识。只有经过反复的写作训练，才能使写出来的东西变得更加完美。良好的写作水平都是需要经过多次练习得来的，教师在课堂上讲解商务英语写作的时间很有限，学生光靠课堂练习，训练强度是远远不够的。另外，因为评价学生的商务英语作文需要大量的时间和精力，导致教师很难及时地对学生的作文进行全方位的评价。

对学生进行灌输式教学的学习模式无法实现老师和学生之间的有效互动。学习商务英语写作的一个重要目标就是会写商务信函，并通过信函使贸易双方达到交流、交易的目的。在上写作课的时候，单纯依靠老师讲述知识点，效果并不理想，因为这样无法准确得知学生们是否真的掌握了知识。有的学生理解能力好，就可以听懂，有的学生可能没听懂。学生和老师之间的互动也几乎没有，这些都会造成学生不能完全理解老师讲的内容，老师也得不到反馈，不知道自己哪里讲得不到位，大家的疑点在哪里，从而也无法针对性地改变自己的教案。

长期单调的教育方式，会让学生们的思辨能力受到影响。他们的思辨能力包括认识事物、分析事物、评价事物的能力，逻辑思考的能力，处理问题、解决问题的能力。对于商务英语专业的学生来说，良好的思辨能力有助于他们从各个角度分析在商务活动中遇到的实际问题，并找到最佳的解决方案。但在商务英语写作的实际教学中，学生练习写作的方式主要是根据范文进行仿写，而且容易受到教师教学观念的影响。这种教学模式导致了学生发展的局限性，让学生们的思考能力、创新能力都受到了限制。

以往的商务英语学习都有一定的局限性，传统教学模式难以培养学生良好的实践能力和创造力，现在应该改变这种模式。学校要在商务英语写作知识的基础上进行项目化教学，让学生通过完成具体项目任务来提高实际工作能力。

教师在教学的过程中可以对学生进行实操环境的模拟训练，比如，老师可以假设两家公司要做一单生意，并就这两家公司进行贸易往来的全部过程，包括贸易前、贸易中、贸易后的各个环节，让学生分别进行商务信函的写作练习。将教学理论和教学实践相结合，可以使学生处于一个尽可能接近现实的实操环境中，不但有助于学生英语基础知识的巩固，更有助于学生实践能力的提高。

图式理论是一种心理学理论，主要是从认知角度去研究人们获取、处理和储存信息的过程。现代图式理论认为，人们在认识新事物时，是以大脑中的旧图式为基础，新事物和旧知识在大脑中形成一定的关联，并通过一系列的思考、顺应和同化，在吸收新信息的同时完成大脑中原有图式的更新。从这个角度来看，在开展项目之前，学生必须要具有一定的知识储备。为此，教师在教学过程中，首先要把和项目有关的知识进行归类总结，还可以将写作中常用的句型、语句传授给学生。其次是要向学生讲解商务活动中的一些知识点，帮助学生在大脑中形成相关的知识架构图，帮助他们理解，从而促使学生原有的语言知识架构与新商务知识有效结合。

（二）项目教学法在商务英语写作教学中的实施

在国际贸易交往中，报盘函扮演着至关重要的角色。它是卖家向买家提供的关于商品的名称、价格、规格、运输方式等相关的信息文件，可以是卖家主动提供，也可以是回复买家之前的询盘。通俗来讲，类似于我们去商店询问一件商品，店员会告诉我们商品的名字、商品的价格、怎样包装、怎样运输等等。报盘函可以分为两种：虚盘和实盘。虚盘就是那种没有约束力的报盘，对有效日期没有限定，还可能有保留条件；与之相反，

137

实盘对有效日期有明确的要求，只要买家接受，卖家就不能反悔。以报盘函为例的项目教学实施过程中，教师首先需为学生讲解与报盘函相关的专业术语和句型，并深入剖析虚盘和实盘的特点及差异，以激发学生的既有知识结构，使其将教师所授的新知识融入自身的知识体系中，从而提升对所学内容的理解和应用能力。随后，学生需按照教师的要求，运用所学知识完成报盘函的写作任务。

可以采用的一个方法是，学生在学习这门课程之前，可将学生分为若干组，每组都包括一个买方和一个卖方。比如，第一组为加拿大某公司和大连某电子产品公司，第二组为法国巴黎的某皮革制品公司与中国某进口商，第三组为……各组之间有一定的联系，但具体工作项目不同，他们可以分工合作来完成。比如在第一组中，小组成员收到加拿大某公司的询盘信件后，要认真分析对方的意图，看对方是要一般性询盘还是要具体询盘，决定是用实盘还是虚盘进行报盘，这些都是需要提前核实清楚的。如果是一般性询盘，那么只是问一些商品的基础信息，比如，问商品的目录、商品多少钱、商品的样子、印刷风格等，无意立即达成交易；如果是具体询盘则是想要交易，会要一些表面上看不到的信息，如交易流程、怎样付款等，这些都属于具体询盘的内容。

在经过对对方询盘真实意图的深入研究后，扮演卖方的成员需根据实际情况发出实盘或虚盘。如果需要发出的是实盘，而且对方在规定的时间内接受了，那这个实盘在法律上就是有效的，双方都得遵守。最后经过团队成员的共同探讨，总结出实盘的三个基本构成要素：首先，交易条款需详尽、清晰、明确；其次，必须注明此报盘为实盘；最后，还需设定明确的发盘有效期限。遵循这些条件，以确保实盘的完整性和法律效力。

如果上课期间学生的商务英语写作得不到充分练习，那么翻转课堂将是一种有效的教学方法。教师可考虑运用实践导向的方式教学，以弥补课堂训练的不足。每当学习一个新课题前，教师可以先把与专题有关的常用词汇和句型等重点内容制成短视频，上传到网上，帮助学生去理解。学生通过提前观看视频，对新知识进行初步了解，并产生疑问。课堂时间则主要用来引导、答疑、讨论、探索，在此过程中，始终以学生为学习主体，鼓励他们积极参与到课堂学习中，最终把新知识融入自己的知识体系中。

上完课以后，老师可以按照事先的分组，给每个小组发一份写作成品，并要求他们一起研究这份作品，归纳重点词句，同时用中文翻译出来。有了这节课的铺垫，学生在下一次上课的时候，就可以给班上的同学讲解上节课学到的内容。讲解展示的过程包括板书、概括文章大意、阐释专业名词、中文翻译等。这需要小组的成员之间分工明确，合作良好，且具备所负责项目要求的能力，如对文章进行翻译的同学，需用词恰当，具有一定的文学修养。在讲解展示的过程中，其他学生还可以提出问题，补充知识点。这种实践的结果更有利于学生们将阅读、讨论与自己写作融为一体，同时展现出更多的创造力。

学习商务英语，特别是商务英语写作，不能只是背单词、学句型，而是需要真正去实践。商务英语写作包括国际贸易的政策、法律法规、外国的文化风俗等一系列复杂要素，需要全面把握和深度理解。如果只学理论，到时候碰到实际问题，学生肯定还是一头雾水，不知道怎么办。为了达到更好的教学效果，老师们一定要给学生创造条件，让他们通过实际的例子进行实践，如让他们写一些贸易往来的信函等，帮助学生进行实操，这可以提升他们解决问题、处理问题的能力。

一般来说，商务英语写作包括课内和课外写作两种。课内写作可以让老师看出学生是否真正学懂了知识，课外写作则是帮助学生进行动手实践，是课上所学知识的补充。两种写作模式可以让老师对学生是否进步、能力水平如何进行鉴定。课堂上的写作可以让学生在审题、构思、讨论等方面实现锻炼。课程的最终目的也是让学生通过自己的思考修改对应的作文，这种模式有利于学生平衡自己的写作能力，以及和其他人进行交流来获得帮助。商务英语写作应采用多元评价方式，不能只是老师一个人说了算，应该把形成性评价和终结性评价结合起来，还得让学生自己参与进来，进行自我评价和小组评价。在每个项目结束后，不仅要老师评价，还要看学生们的展示和习作成果，大家一起给意见。这样才能让学生对自己的项目做进一步思考，对自己的作业做更深入的反思，看到自己作品的问题，进一步提高自己的水平和批判性思维能力。

（三）项目教学法在写作教学中实施的思考与启示

以就业为出发点来说，学生就是为了将来找工作来学习商务英语的，教师也要针对这一点，打破传统的教育理念，利用项目教学法，通过协作、讨论等方式来让学生提升自己学习的积极性，并从多方面进行考核。这种评价方式才是比较有用的，也是让学生长期坚持下来就能看到结果的。因此，在日后的讲课或者户外训练中，作为老师，应该持续地对自己上课的教学法、教案进行更新，让自己的授课的方式和内容都同步创新，更加切合实际，以便在未来培养出更多优秀且适合社会发展、企业需求、具有商务英语实战技能的学生，从而帮助他们顺利地走向自己的工作岗位。

五、项目教学法实施实例分析

下面将分别对初级商务英语（本科一、二年级）和高级商务英语（本科三、四年级）两部分内容进行具体介绍。在学习重点方面，初级商务英语和高级商务英语是有区别的。前者注重英语语言、跨文化交际知识的学习和跨文化交际能力的培养，要求学生掌握使用频率较高的英语商务用语，并对英语商务场景进行认识和了解。后者则更倾向于"商务"，英语的商务性更强，英语学习与金融、国际贸易、市场营销等工商管理范畴下的专业课程联系得更加密切。下面是关于初级商务英语和高级商务英语学习的两个具体例子。

（一）非正式商务社交（商务英语专业 1 年级学生基础课）

非正式商务社交（商务英语专业 1 年级学生基础课），注重语言知识和商务文化的结合。

背景介绍：This Business English lesson is the first in an ongoing series where we'll listen in on some typical chitchat around the office water cooler. You'll find a water cooler in offices around the world-usually in the break room where employees gather to drink a cup of coffee or tea and take a rest from work.

在很多公司都设有咖啡吧休息室，为员工们提供一些茶点和饮料。作为一个非正式的社交场所，员工们经常会谈论一些既可以和工作相关，也可以完全无关的话题。因而这个小小的休息室，也成了一种职场文化的代表。

And during these breaks，you might meet with a colleague and exchange words about life，your jobs，your company，sports，politics or whatever.So"water cooler chitchat" has come to refer to all types of informal communication that take place at the office.

We'll be listening in on Jan and Jen，who work in the same office of Ambient，an American telecoms company，gossiping around the water cooler.They are discussing the latest industry news：Accent，a major European player in the market，has just announced the takeover or buy out of Ambient's main competitor，TelStar.

首先，通过对背景知识的了解，和一个情景对话，对"chitchat"这个特殊的商务词汇及其所代表的一种非正式交流的文化进行了了解。除了正式文化，商务文化还包括非正式文化。对非正式文化的学习和理解，可以通过一个情景导入，就是让大家想象一下职场的真实场景。然后，在拓展和整理思路的同时，在讨论的过程中，引导学生结合实际中的电影、小说来展开头脑风暴，探讨职场文化的各个方面。这样一来，大家就可以更深入地了解职场文化，并且能够更好地应对各种职场挑战。

让学生用英语来尽情描绘他们心目中的职场文化是什么样的，这种写作对篇幅和格式没有过多要求，几个字词、几个简单的句子都是可以的。这么做主要是想了解一下学生现在的英语水平，看看哪些方面需要加强。并对学生目前的知识层次与能力进行评估，以及决定该课程的内容与活动，以此来设定该课程的教学目标和教学重点。

在这个项目学习的基础上需要一些能引起学生兴趣的问题，针对以上内容，可以设计这样的问题，如"chitchat 文化等同于 gossip（八卦新闻）吗？"

这个项目的学习目标包括但不限于以下几个内容。

（1）The definition of idiom.

（2）Ways of learning idioms.

（3）The use of idioms of Business English.

然后，通过一个具体的场景的听力练习，回答以下问题。

Listening Quiz：

（1）Do Jan and Jen think Accent's takeover of Tel Star was a good idea？

（2）Why was there a delay in the takeover？

在听懂大部分听力材料的情况下，需要学生进一步思考，那些 idioms 是基于什么样的内容，以及非正式谈话的话题的开始、衔接、结束的处理方法。

事实上，美国很多的 idioms 都建立在 sports idioms 之上。例如，他们最喜欢的运动之一 baseball 中的特殊名词"home base"，在对话中就有人用到"It looks like Accent really hit a home run with this one"，它暗含着"这确实非常成功"的意思。因为在棒球的比赛规则里面，把球向前击出全垒打线以外时可得 1 分，或是同一打击者在击球后能乘机依序跑完一、二、三垒并回到本垒（home base）才得一分。再如，play ball 这个词也在商务交谈中的频率很高，但它并非是字面打球的意思，而是指在商务谈判中与某人合作的意思。

在完成了一系列针对性的模拟练习后，将逐步推进到实际商务环境中。

这是一个全面的、复杂的且具有现实意义的商业活动。其中，涵盖了商务演讲、商务会议的组织与主持、商务谈判及产品定价等核心环节，这是常见的商务活动里都会有的内容。通过这种实际参与，学生便有机会将之前的练习进行整合，进一步强化并实际应用。最终，这些经验和技能将内化为学生的商业能力，并提升其语言技巧。

（二）国际贸易（商务英语专业 3 年级学生的国际贸易专业课）

该项目历时 10 周，学生不光要学会简单的国际贸易操作的流程，明白宏观经济对国际贸易的影响，而且要通过小组来组成一个模拟外贸部，完成一个从报价到发运的过程，使学生从中了解一个成功的外贸活动所需要的基础知识和基本技能。

1. 项目主题

这个项目是国际贸易操作的案例，从对一个产品的询价开始，到最后对产品的发运全过程的一个展示。

2. 项目任务

设计项目问题：现在以一个情景设计驱动问题（设计学科交叉，因为目标学生是商务英语专业三年级学生），市场上存在 A、B、C 三家公司，A 与 C 为同性质的外贸公司，B 是一家境外公司，需要与其中一家外贸公司长期合作，其问题是：A 与 C 通过怎样的竞争才能与 B 签订合作合同，在合作过程中工作内容包括哪些？需要哪些工作技能？对于 A、C 两家的项目经理，他们如何找到自己公司的竞争价值？如何说服潜在顾客？他们需要具备哪些工作技能？他们的价值观是什么？当他们遇到文化冲突的情况下，如何化解？

要想让学生以后能更好地规划自己的职业发展，在教学过程中，引导学生树立正确的价值观至关重要。当商务英语采用项目教学法时，它不仅在教给学生专业知识，还在潜移默化地塑造学生的心理素质。这样一来，以后他们在复杂的商业环境中，就能坚守基本的商业道德底线，不会做出什么出格的事情。教师在商务道德教学过程中还要讲究方法，注重灵活性，激发学生的学习兴趣。若用死板的、"教条化"的方式来教，只会让学生失去学习的兴趣，无法让他们真正理解和接纳这些价值观和商业道德观。

在培养学生工作技能的过程中，应当鼓励他们自主总结，通过查工具书、找资料等途径，初步了解专业术语，如信用证、保函、商业发票等的基本含义。这种自主探究的方式有助于培养学生的独立思考能力，避免形成依赖心理，为未来的职业生涯奠定良好的基础。此外，这种方式还能为教学注入更多内容。教师需充分准备，以应对学生可能提出的各类问题，特别是对于那些非商科背景的英语教师而言，在项目学习中，教师应灵活切换多种角色，如合作伙伴、小组成员、客户等，以满足学生的学习需求，力求共同创造一个互动、开放的学习环境，促进师生的共同成长。

这个驱动问题可以将学生在大二时学习的专业知识联系起来，这也是一个知识的复习与实际运用，然后再引入在项目中对国际贸易理论和事实的学习。

在这个项目中，学生需要完成十件项目作品：公司结构图、项目的时间管理进度表、国际贸易操作流程图、进出口价格核算、进出口合同的签订、单据编制和审核、商务电函及对各种人事、文化、经济和管理问题的认识的心得体会 3 篇。通过完成以上作品，有助于让学生深刻理解以后面临的工作的职责与内容，并理解商务英语中所蕴含的文化，同时也有助于学生提高写作与阅读的能力。

项目的最终将是一份项目报告书，提交给公司某部门领导，帮助他们掌控整个项目的过程，以及做出正确的选择。这份报告书应该包括：封面和标题、项目的简单介绍、项目流程图、项目文件列表、项目文件实施方案、心得体会报告。

3．项目标准

项目的重点内容关注的是国际贸易操作中的两个方面：一是操作层面，包括商务电函的书写，外贸的基本操作步骤；二是培养学生对跨文化中商务文化的批判性的思考，认识不同文化的特征，考虑文化冲突背后的深层因素。

（1）理论基础和操作能力列表

教师需要明白项目开始之前，要被评价的课程标准，课程大纲要求的基本内容。与项目理论基础包括：International issues，Trade union's，International marketing，How business are affected by international competitors.

（2）专业应用类

常用外贸术语缩写及含义、国际贸易操作流程、进出口价格核算、进出口价格合同的签订、信用证业务的操作、单据的编制和审核。

（3）沟通类

陈述与展示（项目计划展示与口头陈述）、写作（商务信函的写作、报告的写作、产品说明文档的写作）、翻译（口、笔）。

（4）问题解决和批判性思考

分类与分析；对概念的解释、推断、应用与拓展；对观点的评价；对价值判断的评估；用类比的方法解决问题；问题解决策略的使用；头脑风暴；调研的策略；寻找或者给出综合的解释；明确任务内容；对信息进行组织、合成和分类；定义并描述问题；根据信息形成假设；使用数据验证假设；得到可靠的结论；使用决策策略。

4．项目管理

在时间管理方面，确保任务按时完成，合理预估时间进度，制定详细的时间表，并持续跟踪进度。同时，还应了解如何更高效地利用时间，采用适当的策略来解决时间使用方面的问题。

任务管理要求明确任务目标，制定详细的计划，合理设定任务的优先级，并持续跟踪任务进度，对解决方案进行评估。

资源管理需要对各类文件进行分类保管，以便在需要时能够迅速找到。

自我管理则强调自我约束、自我监督和自我激励的重要性。此外，还应重视他人的反馈意见，以便更好地提升自我。

5. 课堂内项目评价

推荐课堂内使用的评价表是分析性评价表，它可以把一项任务分解成若干子项进行评价。

例如，一篇发盘函的分析评价表包括 5 个度量标准：内容、结构、内容深度和全面性、资料收集情况及写作规范。

通常而言，一个高效的评价表应当具备以下特性。首先，其应当基于对学生在项目中的工作深度进分析。只有评价的数量有所增加，评价表的准确度和可靠度才能得以提升。其次，评价表应能提炼出学生表现中的核心特质，而不仅仅依赖于那些显而易见、易于量化的部分。再次，评价表应能提供有效且合适的区分度，确保对学生的表现进行准确评估。最后，评价用词需精确且无歧义，并提供示例以供参考，避免仅用比较性或评价性的词汇来简单划分学生的表现层级。下面在此附上一篇范例。

Chart 1　商务邮件范例：

To：hudefe@sdsd.com

From：dheiuft@deff.com

Date：2010-12-4 13:23 pm

Subject：Re：Inquiry for magnifier

Dear Ms.Conrey，

Thank you for your inquiry of this morning concerning magnifiers.

As requested，we have attached an image of our magnifier and quote as below：

Commodity：Article NO.CET-DEF Magnifier

Standard size：188 mm × 34 mm × 10 mm（Length × Width × Thickness）

Unit price US$0.40/pc CIF Liverpool（without logo）

Min.quantity：6,000ps

Packing：1pc/plain paper case，20 pcs/inner box，120pcs/export carton，141 800 pcs/20'FCL

（NW：13kgs；GW：15kgs；Meas.：0.02 m^3 for each carton）

Shipment：within 21 days after the L/C reaching us

Payment：by irrevocable L/C at sight in our favor

Insurance：for 110% of CIF value against All Risks

As to the logo printing，it will usually add US$0.05/pc for each color.

Please check if the above meets your requirement. If not，please send us your comments by E-mail for quoting.

We handle a wide selection of products with superior quality，and not execute your order efficiently and faithfully. We would be pleased to receive your orders，which will always have our best attention.

Best regards

Shanghai YIhui Trading Co.Ltd.

Attachment：Image of Standard Magnifier

如表 4-4-3 所示，为商务写作的要求，对该信函可以进行参考评价。

表 4-4-3　商务写作的要求

	入门	一般	较好
内容	一些信息的缺失或者信息不准确或者不相关	提供基本信息，有部分信息不准确或不相关	内容完整，有确切信息
思想与沟通	观点表达不清楚，没有对问题更进一步推理和解释。也没有对收到的材料进行有效分析	看问题只从一个角度。表达的观点缺乏说服力，没有反思能力	对问题有比较深刻的理解。所提出观点表达清楚、完整，并从多个角度审视

	入门	一般	较好
组织结构、文法和用词	缺少组织架构，段落、句子间过渡衔接不好。语法、标点、字词错误很多	所有的观点都是用作者自己的语言描述。语法、标点、字词有个别错误	所有的观点都是斟酌过的专业术语描述。句、段过渡衔接比较自然。语法、标点、字词很少有错

在撰写商务信函时，清晰简洁的表达和明确的目的是至关重要的。以 Chart 1 商业信函的发盘函为例，该教程既需要同学们熟练地运用商业信函的形式，又能正确地表达出各种类型的信息。对出口商来说，向进口商展示本公司和商品的优点，并与长期没有来往的进口商建立起良好的关系同样重要。所以，在写作这类商业书信时，要注意传达的内容准确，语言的流畅。

当把学生分成 3 个 groups（A、B、C），A、C 两家为同性质供应商，B 为客户，B 要从两家的发盘函中作比较。A、C 必须从以上各个方面努力，使得自己的发盘函更具优势，B 在这个阶段可以继续与两家进行下一步洽谈。然而，下一步的交易磋商函，就会涉及其函的基本结构与内容要点，例如，如何将报价引向订单、如何在报价后进一步推进等。

上述内容为关于学生写作评价的实例，在教学过程中，教师不仅要关注学生英语商务信函写作的语言和格式，更要培养学生的职业思维能力。商务英语教师需要从整体的视角来看待这个问题，充分认识到学生毕业后将面临的职场环境，并注重培养他们的专业素质和技能。当学生面对真正的职场的时候，商务信函的撰写就不再是作业的一部分，而是他们未来职场中必备的技能。因此，在模拟真实的职场竞争环境中，越是能够激起学生们内心的情感，就越是有效。

接下来，要谈的一个经常被教师忽略的评价内容，就是学生的"软实力"，如获取信息的能力（见表 4-4-4）、选择信息的能力（见表 4-4-5）、处理信息的能力（见表 4-4-6）和个人任务管理能力等。

表 4-4-4　获取信息能力评价表

	能力有限	合格	较好
具备完整收集信息的策略			
查询不同种类信息的信息源			
能够使用检索系统和相关信息查询技术针对问题进行有效查询			
懂得寻求合适的帮助			

表 4-4-5　选择信息能力评价表

	能力有限	合格	较好
有效地查询关键信息源			
能够聚焦到关键信息源			
从信息源中选择关键内容			
对筛选过的信息进行组织和做标注			

表 4-4-6　处理信息能力评价表

	能力有限	合格	较好
在各个要点之间建立联系			
识别出关键信息和要点			
对笔记进行分类并标注			
对信息进行解释和总结			

先用一个悖论引入话题：一家航空公司在每一座机场的表现都比较好，但是有没有可能在整体的平均表现上比它的竞争者差？学生可以自由讨论五分钟，然后教师揭晓答案"可能"，教师可以举例说明。

如表 4-4-7 所示，为两家航空公司的表现。

表 4-4-7　两家航空公司表现

	阿拉斯加航空公司		美国西部航空公司	
目的地	准时抵达/%	抵达数量	准时抵达/%	抵达数量
洛杉矶	88.9	559	85.5	811
凤凰城	94.5	233	92.1	5 255
圣地亚哥	91.4	232	85.5	448

	阿拉斯加航空公司		美国西部航空公司	
目的地	准时抵达/%	抵达数量	准时抵达/%	抵达数量
旧金山	83.1	605	71.3	449
西雅图	85.8	2 146	76.7	262
整体	86.7	3 775	89.1	7 225

在项目的某个部分穿插案例作为开场，能够很快地激起学生的兴趣，然而悖论就是一个引导学生深入思考的好的方式。

然后再引进需要学习的内容，如提供几份合同给学生，要求学生通过归纳总结合同的书写格式，拟写合同条款的常用术语和商务合同的注意要点。

下面对一篇典型合同进行评析，并讨论在这个项目的内容中安排怎样的活动。

典型销售合同一般由以下内容构成。

（1）约首

SALES CONTFIRMATION	——合同名称
SHKEL-FL05515	——合同号码
AUG, 16, 2010	——合同日期

The Seller. Shanghai Ylhui Trading Co., Ltd.

Address: Rm. 604B Phoensix Building, NO. 12 Huangyang Rd,.

Pudong: Shanghai 2012206, P. R. China

合同当事人信息

The Buyer: IMMENSE INC

Address: Suite 209, Keele St., Toronto, Cannada

（2）正文

① 品质条款（Quality）

2032 ⎫
323　⎬ 货号（Art. No,）
6758 ⎭

Coffee Pot 700 ML ⎫
Tea Kettle 600 ML ⎬ 商品名称、规格
S/S Cup 300 ML ⎭

② 数量条款（Quantity）

2032　240 ⎫
323　　480 ⎬ 数量
6758　00　⎭

PCS ⎫
PCS ⎬ 计量单位
PCS ⎭

③ 价格条款（Price）

	Unit Price	Amount
		CIF TORONTO ——价格术语
2032	US$23.95	US$5,748.00
323	US$28.00	US$13,440.00
6758	US$6.50	US$2,600.00
		US$21,788.00 ——合同金额（小写）

Total Amount in Words: ——合同金额（大写）

Say US Dollars Twenty One Thousand Seven Hundred and Eighty Eight Only.

④ 包装条款（Packing）

Art No. 2032 to be packed in cartons of 12 pcs each only. ——装箱方式

包装种类

Art No. 323 to be packed in cartons of 24 pcs each only.

Art No. 6758 to be packed in cartons of 40 pcs each only.

Total 50 cartons

——包装总数量

⑤ 装运条款（Shipment）

FROM：Shanghai，China——启运港

TO：Toronto，Canada——目的港

To be effected before Nov.20th，2010——装运期

With partial shipments not slowed snd trsnsshipmrnt allowed.

——对分批和转运的规定

⑥ 支付条款（Shipment）

The Buyer should open through a bank acceptable to the Seller

——开证银行

an Irrevocable L/C payable at 30 days after B/L data——信用证种类及付款期限

for 1001% of total contract value——信用证金额

to reach the Seller before Sep.15th，2010——到证时间

valid for negotiation in China——到期地点

until the 15th day after the date of shipment.——到期日

⑦ 保险条款（Insurance）

The Seller should cover insurance——投保人

for 110% of the total invoice value——保险金额

against Institute Cargo Clause（B）——投保险别

as per I.C.C.dated 1/1/1982.——保险条款及生效时间

⑧ 检验和索赔（Inspection & Claims）

In case of any discrepancy in Quality，claims should be filed by the Buyer within 30 days after the arrival of the goods at port of destination；while for quantity discrepancy，claims should be filed by the Buyer within 15 days after the arrival of the goods at ports of destination.

检验条款通常包含有关检验权的规定、检验或复验的时间和地点、检验机构、检验证书等内容，索赔条款常包含索赔依据、索赔期限等。

152

⑨ 不可抗力（Force Majeure）

The Seller shall not hold liable for non-delivery or delay in delivery of the entire lot or a portion of the goods hereunder by reason of natural disasters，war or other causes of the Force Majeure. However，the Seller shall notify the Buyer as soon as possible and furnish the Buyer as soon as possible and furnish the Buyer within 15 days by registered airmail with a certificate issued by the China Council for the Promotion of International Trade attesting such event(s).

通常包含不可抗力事件的范围、对不可抗力事件的处理原则和方法、不可抗力事件发生后通知对方的期限和方式，出具证明文件的机构等内容。

⑩ 争议解决（Depute Settlement）

All deputes arising out of the performance of，or relating to this contract，shall be settled through negotiation.In case no settlement can be reached through negotiation，the case shall then be submitted to the China International Economic and Trade Arbitration Commission for arbitration in accordance with its arbitral rules.The arbitration shall take place in Shanghai. The arbitral award is final and binding upon both parties.

通常包含争议解决方式、提请仲裁的仲裁地点、仲裁机构、仲裁规则、裁决效力等内容。

（3）约尾

① The Contract is made out in two original copies，one copy to be held by each party.——合同份数及归属

② Confirmed by：

THE SELLER

Shanghai YIhui Trading Co.，Ltd.

（signature）

THE BUYER

IMMENSEINC

（signature）

——合同双方签字确认

在签署合同之后，首要任务是准备项目文件列表，其中信息的搜集和

分类至关重要。对于初次接触此领域的人来说，要先行学习样板合同的写作规范，以便了解合同的标准格式。教师可依据合同内容，指导学生收集相关资料。另外，务必熟悉撰写合同条款时常用的专业术语，这是确保合同准确性和规范性的基础。

品质条款常用术语：Sample（样品）、Original Sample（原始样品）、Type Sample（标准样品）。

常用计量单位：Kilogram（千克）、Metric Ton（公吨）、Square Meter（平方米）。

常用包装种类：Carton（纸箱）、Wooden Case（木箱）、Container（集装箱）。

常用警示性运输标志：Guard against（怕潮）、Keep out of the direct sun（怕晒）、Fragile（易碎）、This Side Up（向上）。

信息综合处理能力包括信息收集、统计分析和决策、风险分析这三个部分，并且都有相应的技术要求。在这里，只需要一部分学生去收集信息，其他学生还要做另外的工作。

以下将安排一个专门的活动来锻炼学生获取处理信息的综合能力，而且这个活动也是整个项目的一个部分，不同活动之间都是紧密联系的。

活动描述：扮演 A、C 两家公司的学生，每家公司的一部分学生收集以上合同关键部分信息，如范例框架里需要完善充实的细节内容，另一部分学生负责数据分析，剩下的部分学生负责决策。B 公司的学生对整个过程进行设计评价。A、C 两边的学生需要就各自与 B 公司的合同内容对范例进行细节补充，通过各组成员的分析后得出最佳的交货期，计算最大可能盈利空间。当 B 公司通过对两份合同进行对比分析，并给予评论后，较好的一方（A 或 C）必须帮助对方对合同进行整改，直到达标为止。

活动目的：熟悉合同写作规范，内容，语言表达习惯；学会与人合作和分享；学会帮助别人取得进步；学会分析和评价。

教师的支持：提供商务合同写作的指导。例如，讲解如何酌情使用公文语惯用副词，因为商务合同属于法律性公文，应酌情使用英语惯用的公文语副词，以使译文结构严谨、逻辑严密。这类副词的构词法通常由 here、there、where 等副词分别加上 after、by、in、of、on、to、under、upon、with 等副词构成。例如，从此以后 hereafter；对于那个 whereto 等。

然后在整个讨论的环节中，因为项目学习在很多活动中都会涉及头脑风暴，集体讨论，所以学生必须掌握一些讨论话题的小技巧，如如何引导话题、如何插话、如何保持话题而不跑题。例如，首先给出一段对话（可做听力训练）。

Martin：Sandra，would you please kick off?

Sandra：Well，this is a great way to cut a lot of fat. My figures show that we can save almost $50，000 with this one.

Sam：Can I just come in here？That reminds me，we really can't have pizza for lunch again.It's unhealthy.

Martin：Sorry，Sam，but I think this is a bit of a side-track.Let's try to keep to the agenda，ok？I want get everyone out of here on time.

在讨论问题之前，可以准备一些听力理解的问题，例如：Does Sam like pizza? Does Dave agree with the strategy of outsourcing cleaning? 然后再确定学生明白以上对话内容的情况下，开始对会话技巧进行引导、衔接、深入、保持、讲解和扩展训练。最后需要把这些会话技巧和表达融入自己的讨论中。

作为项目管理者，教师需要担任多种角色。如果教师的角色是项目组的成员，那么在项目启动之初，他们就需要与其他成员（项目组学生）进行充分沟通，使大家对自己的职责都有明确的了解，以保证项目能够顺利进行。

教师要想确保项目能够顺利有效地进行，必须做好管理工作，尤其是对关键任务的管理，主要包括以下七个方面。

第一，教师可以考虑采用项目驱动问题的方式，将学习与实际问题的解决相结合，让学生感受到学习的实际意义和价值。对于长期项目，教师需要定期提醒学生关注项目进展情况，这样可以帮助学生更好地规划和管理时间，确保项目按时完成。另外，教师还应关注学生的学习态度，使学生明白，项目学习需要不断地探索、实践和反思，这是一个需要付出努力和耐心的过程。通过教师的引导和鼓励，学生可以更好地适应这种学习方式，更好地完成项目学习，从而提高自己的学习效果和实践能力。

第二，科学合理的分组是保证项目顺利进行的另一有效措施。团队合作是项目学习的核心特点之一。在面对一个复杂的问题或任务时，学生通过团队协作，可以更有效地解决问题，实现共同的目标。然而，团队合作的方式要根据具体情况进行调整。有时候，学生会在一个大集体里共同工作，每个人都可以发挥自己的特长，共同完成任务。在另一些情况下，学生可能需要在制作项目作品时先各自完成一部分工作，然后再进行整合。随着项目的进展，学生的分组状况也可能发生改变。在项目的不同阶段，可能需要不同的技能和知识，因此学生可以根据需要进行重新分组，以更好地适应项目的需求。

第三，组织每天的项目学习活动也是至关重要的。首先，教师要引导学生明确他们需要探索和研究哪些内容，具体的学习任务有哪些，以及通过什么方法去解决问题、解答驱动问题。此外，为了确保项目的顺利进行，教师还需设定任务完成的期限，并关注学生在项目进展中的表现。在此过程中，教师需要收集学生的过程文件，认真评估他们的学习成果，并及时给予反馈，以便学生能够及时纠正错误或改进不足之处。这些反馈将有助于学生更好地完成项目，提高他们的学习效果。

第四，清晰的信息澄清是项目成功的关键之一。在项目进行的过程中，学生往往会对下一步行动以及必须知道的信息感到困惑。他们会不断地提问，如"下一步我应该做什么？"或者"我需要了解哪些重要信息？"面对这样的情况，教师必须做好充分的准备，给予学生清晰、明确的指导，以确保项目顺利进行。

第五，教师需要对学生的行为进行严格的监控和管理。在项目实施过程中，学生需要在教室内独立完成工作，甚至在特定情况下需要离开校园进行调研。因此，教师必须教导学生在无人监督的情况下如何高效地工作。学生需要具备时间管理的能力，明确工作要求和标准，并掌握有效的时间管理技巧，以便制定合理的工作计划。在学生能够实现自我管理之前，教师还需要对项目资源的使用进行严格的管控。

第六，管理工作流程是保证项目顺利进行的另一重要环节。具体来说，教师需要定期布置作业，并及时收集批改。对于一些需要学生进行项目学习的课程，教师需要密切关注学生的进展情况。对于学生普遍认为难以掌握的知识点，教师需要给予更多的关注和指导。对于学生普遍认为太容易或太困难的任务，教师需要根据学生的实际情况进行调整。通过管理工作流程，教师可以了解学生的任务进度、存在的问题及对知识的掌握程度。在适当的时候，教师应当适时介入，给予学生必要的指导，并提供必要的知识补充，以确保项目的顺利进行。

第七，对项目进行合理评估。通过让学生参与到实际的项目中，他们可以获得实际操作的经验。

第五章
校企合作下高校商务英语专业能力培养

本章为校企合作下高校商务英语专业能力培养，主要介绍了三个方面的内容，分别是高校商务英语专业能力培养的构建思路、高校商务英语专业能力培养的基本框架、高校商务英语专业能力培养的路径。

第一节　高校商务英语专业能力培养的构建思路

一、高校商务英语专业学生应该培养的职业能力

高校商务英语专业培养对象应具有很好的职业道德、较强的责任感，能熟练使用商务英语、国际贸易理论、实践操作等专业知识完成外贸各岗位工作任务，并且还具有一定的社会实践能力、团队协作能力、适应能力等。根据这些能力的性质，该专业的职业能力可以分为职业核心能力、行业通用能力、商务英语从业岗位特定能力、行业拓展能力的四个模块的能力。

（一）职业核心能力

在当今全球化的商业环境中，高校商务英语专业人才的培养显得尤为

重要。商务英语专业人才职业核心能力是指我们在日常生活中必不可少、做工作所要具备的最基本能力。首先，在信息爆炸的时代，商务英语专业人才如何有效地筛选、整合、分析和利用信息，对于商务决策和谈判来说具有重要的意义。其次，他们需要具备扎实的英文书写功底，能够准确、流畅地书写商务信函、合同等文件。此外，商务英语交际能力是商务英语专业人才的核心竞争力所在。在涉外商务活动中，英语是主要的沟通语言。商务英语专业人才需要具备流利的英语口语和良好的听力能力，能够熟练地进行商务谈判、会议交流、客户沟通等场合的英语交流。这不仅有助于提高工作效率，还能为企业树立良好的形象，开拓更广阔的市场。最后，商务英语专业人才还需要熟练掌握办公软件、邮件系统、互联网搜索等常用工具，能够高效地处理办公文档、搜索信息、建立演示文稿等任务。这不仅能够提高工作效率，还能为个人职业发展提供更多的机会。

（二）行业通用能力

商务英语专业人才行业通用能力是从事外贸行业的必备素质。职业道德和职业素养是从事商务英语专业人才的基本素质，其不仅涉及个人的职业发展，更关系到企业的商业机密和利益。首先，这要求商务英语专业人才时刻保持清醒的头脑，严格遵守职业道德规范，不断提高自身的职业素养。其次，由于外贸行业是服务性行业，与客户、合作伙伴之间的沟通与协调至关重要。因此，商务英语专业人才需要注重培养自己的沟通技巧，学会倾听、表达和应对各种情况，从而在工作中能够更加得心应手。此外，商务英语专业人才还需要具备广博的知识储备。由于外贸业务涉及的知识面广泛，所以商务英语专业人才需要不断地学习各国的人文、法律和贸易等方面的知识。同时，还需要具备良好的文字写作能力，能够准确、清晰地撰写各种商务文件和信函。只有具备了这些能力，才能更好地适应外贸业务的需求，为客户提供优质的服务。

（三）商务英语从业岗位特定能力

商务英语作为一种在国际贸易中广泛应用的交流工具，涉及的不仅是语言技能，还包括与商务活动相关的各种专业知识和操作技能。特别是在具体的岗位上，商务英语从业者需要具备一系列特定的能力，这些能力对他们的工作至关重要。商务英语从业岗位特定能力包括单证制作能力、表单审核处理能力、报关报检能力、物流基本操作能力和市场调研预测能力等。通过不断提高自身在这些方面的技能和能力，商务英语从业者将能够在国际贸易的舞台上更加自信地应对各种挑战和机遇。

（四）行业拓展能力

商务英语专业职业能力的人才需要具备多方面的能力，其中外贸行业拓展能力是其重要的组成部分。这种能力是指除外贸主要岗位能力之外的适应行业发展的表现能力，包括翻译能力、会计能力、管理能力等。随着国外贸易的不断发展，商务英语专业人才需要不断更新知识，以适应行业发展的需求。商务英语专业人才所具备的职业能力，是由职业核心能力、行业的一般能力、特殊能力及行业拓展能力共同构成的。这四项能力相辅相成，缺一不可，共同构成了商务英语专业人才的综合能力体系。

为了适应外贸行业人才职业能力的要求，高校商务英语专业课程体系需要进行进一步改革。首先，应该优化课程设置，增加实践教学的比重，提高学生的实际操作能力。其次，应该更新教材内容，引入新的知识和技能，以适应行业发展的需要。最后，应该加强与企业的合作，了解市场需求，提高人才培养的针对性和有效性。

二、高校商务英语专业人员职业能力特点

（一）应用性

应用性是商务英语专业的一大特点，商务英语专业注重理论与实践的

结合，具有很强的实操性。在实际的外贸业务工作中，难免会出现问题和纠纷，这就要求从业人员具备扎实的业务功底，能够学以致用，拥有熟练解决业务问题的实践能力。

（二）渐进性

职业能力的内涵很丰富且具有层次性，包括最基础的职业核心能力、较高层次的行业通用能力、岗位特定能力及最高层次的行业拓展能力。这些能力的形成是从低到高循序渐进的，所以培养学生的职业能力要遵循客观规律，先从最基础的职业核心能力开始，层层递进，稳步提升，最终形成过硬的综合职业能力。

（三）定向性

高校商务英语专业的学生，在毕业后有很多工作可以选择，如商务文秘、旅游行业或者教育行业等。现在社会对人才的要求更严格了，分工也更细了。学校应该根据自己的人才培养目标，帮助学生确定未来的职业方向，并定向地、有针对性地培养他们相关的职业能力，使他们以后能更好地发挥自己的商务英语能力，从而更好地适应未来的工作。只有这样，才能培养出真正优秀的人才。

（四）个体性

商务英语专业的学生可以从事各种岗位，这些岗位的选择和工作水平的高低，其实都会受到学生个人的价值取向、兴趣爱好和个性特点的影响。每个人都有自己的喜好和特点，这些都会影响到他们未来的职业发展。这就好比是种下了一颗种子，而未来的大树将会如何生长，完全取决于这颗种子所蕴含的个性教育基础。所以，商务英语专业的学生在选择职业时，要考虑自己的兴趣和个性，这样才能更好地发挥自己的优势，取得更好的工作成果。

第二节　高校商务英语专业能力培养的基本框架

一、基于企业视角的专业能力概念框架的构建

基于企业视角的高校商务英语专业能力概念框架的构建包括概念界定及基本要素和层次结构关系的厘定。基本要素是生存能力、生长能力、生成能力及其细化能力要素的能力体系，并且专业能力基本要素形成了连续性和制约性的层级结构关系。

（一）概念界定

专业能力是个人在专业领域内所展现的技能、潜力和精神状态的综合体现。这个能力系统是一个有机整体，涉及个人的工作效能和职业发展，涵盖了工作知识、专业技能、专业态度和价值观念等多个方面。专业能力的外延包括个人在专业领域内的生存和生长能力，即适应专业环境、应对专业挑战、提升专业素养等方面的能力。同时，专业能力也涉及个人在生活世界中的生成能力，包括个人的自我发展、人际关系、团队协作等方面的能力，这些能力是个人综合素质和能力水平的体现。

生存能力就是高校商务英语专业的学生能够通过工作赚到钱，以保障基本生存需求的能力。这种能力跟他们将来要从事的岗位或者行业紧密相关，是他们在社会中谋生的基石。同时，生存能力也是他们其他各种能力发展的基础和起点。这种能力是看得见、摸得着的，由两部分组成：一部分是岗位定向能力，另一部分是行业通用能力。简单来说，岗位定向能力就是针对某个具体岗位的能力，行业通用能力则是各行各业都需要的那种能力。生存能力也可以看作是一种知识、技能和经验的组合。这些知识、技能和经验，可能是单一的，也可能是很多方面的结合。

生长能力简单来说就是商务英语专业的学生应对职场变化的能力。职场总是不断变化的，如产业结构升级、行业变化、岗位变动等，都需要去应对。这种生长能力，就像人的发展一样，需要持续地进步。它还和职业发展紧密相关，能让商务英语人才在职业生涯里如同爬楼梯一般，步步向上，越走越高。生长能力分为两种：一种是获取和处理信息、和人协作、管理团队等外延式生长能力；另一种是对工作的态度、质量意识、敬业精神等内涵式生长能力。总的来说，拥有生长能力的人在职场上不仅技术过硬，还有对"真""善""美"的价值追求。工作有真本事，做人善良真诚，还有审美情趣，这样的人才算是全面发展，在职场上也能走得更远。

（二）基本要素

第一，生存能力。生存能力主要是看一个人掌握的技术和技能怎么样。简单来说，就是要能在工作岗位上解决实际问题。当然，这个能力也不是一成不变的，它会随着个人经验和技能的提升而不断增强。同样地，高校商务英语职业能力也会随着内容的丰富而发展。它不仅要求有理论知识，还得把这些知识与实际技能相结合，经验也要一点点积累起来，这样才能真正发挥出商务英语专业人才的能力。

生存能力是高校商务英语人才的核心竞争力，它包括岗位定向能力和行业通用能力两个方面。其中，岗位定向能力是指从事具体岗位需要掌握的相关专业知识和需要具备的专业技能，这种能力与商务英语专业的培养目标具有高度的一致性。随着社会经济的发展，行业分工变得越来越综合化。这意味着商务英语人才需要具备更复杂、更多元化的能力来应对各种岗位需求。首先，商务英语人才得有扎实的专业基础知识，这是最基本的。有了这些知识，他们才能更好地理解和应用商务知识。其次，专业技术知识也很重要。有了这些知识，他们就能更好地运用商务英语来解决实际问题了。此外，专业工具知识也不可或缺。如商务谈判技巧、数据分析工具等，这些都能帮助他们更好地完成工作。最后，岗位基本技能和专业技能也是必须具备的。这意味着他们不仅要掌握如何做某项工作，还得知道如何做得更好、做得更快。其实，岗位定向能力的内涵就是根据具体的工作情境，灵活运用专业知识，有序地完成工作任务，并在这个过程中，积累经验，不断提升自己的能力。

行业通用能力是生存能力的另一个方面。行业通用能力就是那些在很多相似岗位上都需要的、专业性很强的能力。这些能力不仅应用性强，而且综合性也很高，它包括了获取新知识的能力和改进技能的创新力。这种能力不只适用于一个岗位，还能影响到相关的岗位和整个行业。对于学商务英语的人来说，掌握了这种能力，未来发展就更广泛了。它的内涵就是要时刻关注并审视专业环境中的各种规则，理解专业理论和实际工作之间的关系。这样，他们就能用实践经验展示出自己对广博知识的掌握程度。

第二，专业生长能力。专业生长能力就是指一个人在职场中不断进步、应对各种变化的能力。它不仅关乎一个人的工作表现，还会影响他在职场中的晋升和发展。这种能力包括很多方面，如责任心、团队合作、时间管理、解决问题的能力等。这些能力都能让他在职场中更加出色，更有竞争力。所以，专业生长能力对于个人发展来说非常重要，它能帮助人们在职场中不断成长和进步。

第三，生成能力。生存能力和生长能力是很重要的，但生成能力更是人格能力的关键。这个能力包括了求真的思维能力、向善的价值观，还有审美的思维态度。可以说，生成能力是我们专业能力的最高境界，它让我们的职业活动变得真善美。它让我们能够站在一个更高的角度，去判断和解决问题。工作是我们生活的重要部分，它不只是为了赚钱，更是我们追求真善美的方式。生成能力，就是让我们通过工作，全面提升自己的素养，实现我们对真善美的追求。所以，对于商务英语专业的学生来说，生成能力是非常重要的。

二、专业能力的横向发展：人的专业发展进程

工作场所为高校商务英语人才的发展提供"共同体"的践行场域，丰富"人的需要"，进而为"人的本质力量"提供"新的证明"和"新的充实"。发展全面的商务英语能力是高校学生全面发展的实现前提，即个人的全面发展是在职业和职业群体的工作组织中才有可能实现的。所以，专业发展具有人的全面发展的过程性和需要性含义。

（一）专业发展的内涵

专业发展就是人们不断学习和提高自己的专业能力，在工作中不断成长和进步，让自己变得更优秀，并在这个过程中不断地选择和转换自己的工作角色，完成新的阶段性目标，这是高校商务英语人才需要经历的动态过程和共性过程。专业发展其实就是找到工作和生活之间的平衡点，从把工作当成单纯的谋生工具，到把它变成整个职业生命的有机组成部分，让工作和生活更好地融合在一起，从而让职业生涯更有意义和价值。专业发展的本质就在于价值观的转变，在于高技能人才自我定位的完善，进而驱动着自我定位与就业岗位的统一。社会资源能力的发展是重要的专业发展特征，包括政治资源、经济资源和关系资源能力。政治资源能力是指通过职业活动参与政治生活并得到职业地位提升的政治生活意识性能力；经济资源能力是指在职业中实现经济收入提高并获得相应的社会经济地位的能力；关系资源能力是指在高校商务英语人才对组织内部与外部的关系的处理能力。

社会资源能力是专业发展潜力的着力表现，社会资本对高校商务英语人才的专业发展发挥着非常重要的影响。个人能力中的人际交往与沟通、自制协作方面的综合性能力对高校商务英语人才的社会关系建立和完善起到了至关重要的作用，这会直接影响其社会资本（后置型社会资本）的积累，对专业发展有重要的影响作用，超出自身较难改变的先赋型社会资本，

可以通过后置型社会资本来成就高校商务英语人才专业发展。专业发展是高校商务英语人才通过自身的职业能力适应社会结构的过程，以及适应再生产的机制、规则、资源、媒介，产生行为与社会关系的互动性。专业发展反映着高校商务英语人才与外界环境的满足感以及适应状态，状态的成熟度决定了其专业发展阶段——成长阶段、探索阶段、确立阶段、维持阶段和衰退阶段。所以高校商务英语人才的专业发展也是一个逐渐适应并提升的过程，是一步一步往更高目标走的发展路径。当然，这种发展路上有时候要面对职业上的变化和调整，这也是无法避免的。在这种情况下，积累到一定水平的专业能力（主要是生长能力的关键性作用）会使高校商务英语人才具备识别和驾驭职业的机会，从而确保专业发展的前进态势。职业平移和变更是指在职业方向不发生变化的情况下作出的职业环境改变，如企业内部的工作岗位调整、行业内部的供职企业及地域变化等，诸如此类的职业变化需要高校商务英语人才的生长能力支撑，来使职业经验的积累得到进一步发展。并且在新岗位中，高校商务英语人才的心理因素方面的能力和对外界环境的控制力——外延式生长能力，也会得到进一步的训练、强化并提升。

（二）专业发展的路径是通过职业变迁实现的

专业发展路径一般是三种类型路径的综合发生：一是"直线型发展路径"，即高校商务英语人才一生仅从事一种职业，通过专业能力积累，取得该专业序列的职位发展；二是"跳跃型发展路径"；三是"螺旋型发展路径"。其中，螺旋型发展路径是指高校商务英语人才一生从事两种以上职业，在职业变更中纵向或是横向的发展轨迹。这种发展路径体现了现行市场经济体制下的高校商务英语人才流动机制的灵活性，是高校商务英语人才和雇佣组织之间新型心理契约关系的体现——高校商务英语人才根据自身能力（人力资本存量）的增加和雇佣单位的人力资本结构需求程度来选择职业变更。在此变更过程中，高校商务英语人才慢慢对自己的求职目标有了更清晰和更深刻的认识，进而努力寻找与自身能力、个人特点更加吻合的工作岗位。

在高校商务英语人才螺旋式的发展道路上，既会遇到职务变动，也会遇到非职务变动。职务变动有两个方向：一个是向上晋升，就是我们常说的"升职加薪"；另一个是横向调动，也就是说，职位没变，但工作内容可能有所调整。非职务变动，主要是指工作内容的增多和薪资待遇的增加。这种变动方式，其实是因为现在很多单位的内部组织结构从传统的金字塔型变成了扁平型，给员工提供了更多的发展空间和机会。

（三）专业能力对职业发展具有积极作用

其一，职业发展的初级阶段是积累专业知识和技能、提升专业生存能力的关键时期。青年人刚入职场，立足未稳，容易受到如公司环境、个人心态等因素的影响。这些因素主要体现在用人单位和员工自身两方面。在职业发展的初级阶段，最重要的就是要有扎实的专业生存能力，重点包括强大的工作能力、能很快适应新的挑战和工作环境、能不断地提升自己、保持持续发展等，这样才能应对各种岗位变化。专业生存能力可以帮助商务英语人才找到自己的职业兴趣，明确自己的能力特点，然后设定好目标，从而找到一个稳定的职业发展方向。

其二，职业发展的中级阶段是专业生长能力的作用。具备了扎实专业生存能力的高校商务英语人才，他们一旦经济上稳定了，就会开始追求更有价值的东西。他们能很冷静地应对职场上的各种麻烦，也知道怎么规划自己的职业道路。在他们的发展轨迹里，有一个很常见的阶段，就是职业的"高原期"。这个时候，他们的职业角色变得很单一，晋升也变得很困难。这其实跟很多公司的组织结构有关，像那种"扁平化"的组织结构，让商务英语人才的晋升渠道变得很窄。这就让他们的专业成长受到了限制，最明显的表现就是心理压力增大了不少。而且，现在经济形势变化很快，人才流动越来越普遍，这意味着他们换工作的频率也高了。这种情况会引发公司内部的变动，如公司规模缩小、重组或者合并等。这样一来，商务英语人才就感觉自己的"职业安全感"没了，他们会觉得跟公司的关系也变了。这种变动对他们的影响很大，如他们的晋升机会或者涨薪的机会都少了，他们就会觉得跟公司之间的关系受到了破坏。这两方面因素会严重影响商务英语人才的职业发展，所以生长能力在此处的作用是：内涵式生长能力能让商务英语人才变得更强大。有了这种能力，他们就能更好地应对工作中的挑战，不管遇到多大的阻力，都能重新找到自己的职业方向。这种能力还能让他们更清楚地知道自己未来的职业规划，这样他们就不会跟公司的需求脱节，从而会让自己的职业发展更顺利。而且，内涵式生长能力能帮助他们突破职业发展的瓶颈，让他们不再停滞不前，而是一直保持进步的状态。

基于企业视角的商务英语专业人才能力概念框架研究得到了如下结论。

第一，基于企业视角的商务英语专业人才能力概念框架提出的依据是专业能力概念意蕴和企业的能力诉求：其一，根据多维度理论意蕴释义，得到了人才能力是人在职业中发展与实现的过程性概念；其二，根据企业生产组织模式的嬗变，剖析得到了企业对高校商务英语人才的职业能力诉求实质，水平和垂直分工的弱化需要职业能力超越岗位定向和应对职业能力的流变。

第二，基于企业视角的商务英语专业人才能力概念框架的构建包括概念界定及基本要素和层次结构关系的厘定。基本要素是生存能力、生长能力、生成能力及其细化能力要素的能力体系，并且商务英语专业人才能力基本要素形成了连续性和制约性的层级结构关系。

第三，基于企业视角的商务英语专业人才能力概念框架的意义在于其职业迁移和发展的作用。基于企业视角的商务英语专业人才能力概念框架在高校商务英语人才的职业迁移和发展的双维度空间中，生存能力、生长能力与生成能力，呈现出了阶梯式上升趋势与结构，说明商务英语专业人才能力促进了其全域性进步。

第三节　高校商务英语专业能力培养的路径

一、转变传统观念，培养跨文化意识

观念是行为的先导，一切创新的源头首先来自观念的创新。现在高校的商务英语教育变得越来越普遍。为了跟上时代的步伐，高校教育改革与发展势在必行。要做到这一点，教育思想与观念的转变至关重要。所以，开设商务英语专业的学校和专业老师们有必要好好审视一下那些传统的教育观念和教育模式，有些过时的东西需要果断丢掉。我们要树立起一个全新的教育思想观念，这样才能更好地适应市场经济。而且，这也是推动应试教育向素质教育转变、全面推进素质教育的先决条件。只有这样，我们才能培养出真正适应未来需求的人才。

随着全球化的推进，英语已经成为全球通用语言，尤其是在国际商务语境中。在跨国企业事务中，各国文化之间的交流与沟通日渐频繁，过去的文化封闭现象已很难再现。因此，打破传统学科局限，培养学生的跨文化意识，增强学生与社会的交往，增加学生的实践机会，已成为新形势下要考虑的问题，而校企合作恰恰为学生提供了这样的机会。面对全球化带来的新变化和我国经济发展战略，为国家培养具备在经济全球化条件下从事对外贸易事业的基础理论知识和实践能力、创新能力、创新精神和国际视野、职业素养和社会责任意识，德智体美劳全面发展的高素质应用型专门人才是立足专业领域，通过知识传授，强化实践能力和综合素质培养，不断探索创新应用型商务英语专门人才的培养路径。

要想达到这个目标，就要对自身的办学定位进行深入思考。学科是人才培养的载体和平台。在传统的教学理念中，学科发展是各个高校需要考虑的重要方面。然而，高校对学科发展的思考越深，所面临的问题也就越多，因为现代高校教育与传统高校教育相比已经发生了很大变化：一方面是精英教育向大众教育的转变；另一方面是如何培养适应社会需要的人才。

高校的人才培养目标要随着国际环境的变化及时进行调整，要培养出外语好、精通国际贸易规则并符合企业需求的专门人才，就要朝着培养复合型人才的方向发展。为此，要打破传统的学科界定，走学科交叉的道路，在学习理论知识的基础上，进入企业进行实践，走理论与实践相结合的道路。

从人文科学的发展来看，交叉学科是对自然科学各种范式的一种挑战。但如果不走交叉学科的道路，就很难适应现代社会需求。商务英语教学融合了国际商务、法学、经济学、政治学、历史学等知识，扩大了学生的知识面，增强了学生的跨学科思维能力，使学生意识到了，在当今世界发展中，语言、文化、实践等都是生存的重要条件。跨学科一词中的"跨"，其本身就体现了中间性和模糊性。它既有"合"的意思，也有"分"的意思；它既可以为不同的学科架设桥梁，又可以超越现有学科界限。跨学科之所以受人关注，在于现代学科发展的灵活性和不确定性。一方面，其对传统学科的既得利益提出了挑战；另一方面，又使人们从传统学科的象牙塔中走出来，转而关注社会现实需求。因为随着经济全球化的不断扩展，传统的教育已经向全球靠拢，并对商务英语人才培养提出了更高要求。

在传统教育中，学科划分过细、过于刻板，割裂了语言、文化和国际商务之间的关系，并将它们对立了起来。现代高校发展既要强调国际化办学，又要强调学生的跨文化沟通能力和应用能力的培养。

高校教育观念的转变，也是社会发展改变人才培养方式的结果。对应用型人才的培养，尤其是具备从事国际商务类的跨文化、跨学科能力的商务英语人才培养，知识结构和跨文化沟通能力扮演着非常重要的角色。这要求商务英语学生在语言、文化和专业知识上扎实基础，彰显特色。

因此，商务英语专业的实践能力需要重点强调的是要让学生了解国际商务知识，加强他们在实际商务实践中运用英语进行有效沟通的能力，使他们能够真正胜任国际商务环境的需要。通过课堂教学不断地向学生灌输各种文化理念，同时也要设法使理论与实际相结合，进入企业实践，不断扩大对外交往，让学生通过实地体验，掌握他国文化，将课堂上的知识与实际结合起来，并将之运用到跨文化商务英语当中，从而使学生真正受益。

二、实施"双证"沟通，嵌入相关课程

"双证"沟通就是学历证书和资格证书相互融合、互认和沟通，旨在实现学历教育与资格培训之间的完美对接。其本质在于确保综合文化水平与技术技能等级的相互对应。实行"一教两证"政策，对于商务英语院校的全日制学生来说，在学习过程中，他们不仅能够获得学历证书，同时也能获得资格证书。这么做就是为了完善资格证书制度，以就业资格为标准，强调专业能力的培养。这样，学历教育和专业资格培训就能更好地对接。各种教育和培训形式相互沟通、衔接，形成了一个终身学习的体系。这样一来，我们的教育就能更好地改革和发展，使每个人的文化素质和专业能力都能得到提高，让更多的人有机会展现自己的才华，从而为国家的发展作出贡献。

高校商务英语教育要实行"双证制"这一政策，决定了高校商务英语教育必须打通教育和就业的通道，使学生在获得毕业证书的同时，还必须获得进入就业市场的通行证——资格证书。基于当前的教育体系和市场趋势，高校商务英语教育急需进行深度的改革和优化。学历教育与国家资格证书体系的有效衔接，可以将专业技能和就业资格标准置于核心地位，是至关重要的。实践教学是其中的关键环节，应注重培养学生的实际操作能力和应用技能，让他们掌握最新的技术和技巧，这样在实习或工作中才能得心应手。"双证"制度就是这样，能够让学生更适应就业市场，因

为现在市场更倾向那种能够迅速融入岗位的人才。所以要加强专业训练，建立一个和人才培养目标、职业资格相匹配的实践体系。双证制度以"一条主线，三种能力"为标准来培养人才。这"一条主线"就是技能，"三种能力"就是实践能力、岗位适应能力和可持续发展能力。这样培养出来的商务英语人才，不仅拥有高素质、高技能，还有很强的创新能力，属于新型应用型人才。而且通过这样的培养模式，我们还可以实现教育的终身化目标。

现在科技发展得飞快，社会和经济都在不断变化，很多职业和工种都变得和以前不一样了。如果只是学一种专业技能，可能很快就跟不上时代变化了。所以，"双证"教育是很重要的，它的资格证书需要分多个种类，并且要具有层次性。除了自己的专业证书以外，学生还可以多学学其他技能，获得一些通用技能和等级证书。这样不仅可以知识丰富，还可以增加技能。只有不断提高自己的综合能力，才能更好地适应经济结构不断变化的社会，面对市场需求变动才能应对自如。

高校的商务英语专业，作为一门应用性极强的学科，应当紧密结合市场需求，针对用人单位的需求来进行课程设置和教学安排。通过加强实践教学、培养学生的跨文化交流能力和加强师资队伍建设等措施，有利于提高学生的实际应用能力，以满足市场对实用型商务英语人才的需求。

商务英语专业作为一门专注于培养具备商务知识和英语能力的专业，其课程设置对学生的培养至关重要。对于商务英语专业的学生来说，掌握国际贸易理论和实践的知识是必不可少的。因此，将《国际贸易理论》和《国际贸易实务》等基础课程设置为双语教学，可以让学生直接接触和使用国际上最前沿、最权威的教材和资料，从而更好地掌握国际商务知识和英语语言技能。这样不仅有助于提高学生的英语水平，还能为后续课程的学习打下坚实的基础。

在进行相关课程的双语教学时，可以让学生深入企业，在实践中理解、掌握并应用所学的商务英语知识。例如，为确保学生能够更好地掌握外贸谈判和业务操作的实际技能，可以安排学生前往企业进行参观学习。在此期间，学生需全程使用英语进行交流，以提升他们的口语表达能力和谈判能力。同时，要根据学生的专业知识掌握程度，综合评估他们在企业实践中的岗位安排。此外，学生在企业实践中的表现也将作为评定他们平时成绩的重要参考。

另外，《外贸英语口语》课程教学也应受到足够的关注。这一课程既包含了英语口语的教学内容，又涵盖了专业知识的教学目标。除了传授有关国际贸易业务的基本名词及相关的专门技能之外，更重要的是让同学们能够运用英语来处理从商务洽谈等各个环节所面临的沟通问题。在教学过程中，教师要向学生讲授有关商务英语的专业知识及有关的通用商务会话，并在教学过程中预留出充足的时间进行口头仿真，让他们具备把所学到的外语技能运用于日常会话中的能力。对于口语能力较强的学生来说，可以适时安排他们进入企业进行简单的商务对接，以此提升学生的口语能力。

加强对学生考证的引导，以有效的实施"双证"沟通。鉴于授课时间的限制，无法全面开设与商务英语证书相关的课程，所以，我们在实际的商务英语教学中，应在课堂教学的基础上，进一步拓展英语的实际应用。例如举办专题讲座、辩论赛、演讲比赛等，使学生能够在不同场景中进行英语交流实践。这些活动将有助于学生学到更多的商务英语知识，同时也能锻炼他们的思维能力、交流能力及合作精神，还可以拓宽他们的眼界，提高他们的自学能力。

三、了解企业用人需求，完善评价体系

传统的商务英语课程已经无法满足人才培养需求。高校需深入调研企业需求，更新教材，完善评价体系，并创新教学质量评价体系和方法。考试内容需注重应用性知识，专业课考试可结合生产现场的问题。考试方式

需多样化，以提高评价参考价值。评价体系应变形成性评价为发展性评价、终结性评价为过程性评价、模拟评价为真实评价、内部评价为内外部结合评价，以促进学生的发展、改进教学和提高质量。

四、加快校内校外实训基地建设

（一）校内实训基地的建设

校内实训基地的建设，是要把课堂和实训基地紧密结合，就像一个真实的企业环境一样。这里的管理要科学、规范要严格，还要有严谨的科学态度和团结的合作精神。在这样高度仿真的环境下，学生们一进来就能立刻感受到现代工厂的实际氛围，这样能让他们在多个方面得到锻炼，如科学精神、职业道德和综合素质等。对于商务英语专业来说，除了要引进商务英语实训软件和设立商务英语实训实验室以外，还要设计一些创新的实训项目。在设备方面，要投资购买办公设备和语音仪器，通过网络来管理实训室。另外，还要建立一个资料库，储备大量的视频文件，以供学生们下载学习。实训室要注重互动性，这样才能更好地让老师和学生交流和交换信息。学生的学习资料可以由教师帮忙挑选，也可以由学生根据个人需求自主选择。实训室的设备操作起来要简单便捷，能轻松上手，并且要配备一套科学的测试系统，学习形式也要灵活多变。通过这样的校内实训基地建设，我们期望为学生创造一个既严谨又活泼的学习环境，让他们在实践中不断提升自己的专业技能和综合素质，为未来的职业生涯做好充分的准备。

校内实训基地的建设是提高学生实践能力和技能水平的重要保障，学校应该将其视为一项重要的教育工作来抓。在建设实训基地时，学校首先需要加大投入，包括人力、物力和财力。要根据专业需求和市场趋势，科学规划实训室的数量和功能，引进先进的实训仪器和软件，确保每个实训室都能够满足学生的实践需求，保证学生能够接触到最新的技术和设备，同时要避免资源浪费。其次，学校还要制定实训室使用规范，确保学生能够正确使用设备，避免设备损坏和安全事故。由专人对实训室进行维护，监督好实训室的使用情况，保证设备的正常运行和使用效果，及时发现和处理问题，做好使用情况的登记和记录。最后，学校还要科学评估实训室的数量、功能、设备配置、使用效果等方面。根据评估结果，及时调整和完善实训基地的建设和管理，提高实训基地的使用效果和效益。

（二）校外实训基地的建设

加强与企业的合作、扩大与社会的联系是高等院校实现其服务社会的办学宗旨的重要途径。通过加强与企业的合作，高等院校可以获得更多的实践教学资源和机会，提高学生的实践能力和创新能力，还可以促进高等院校与企业之间的相互了解和信任，形成良好的合作关系，从而推动双方共同发展。在加强与企业合作的同时，高等院校还需要扩大与社会的联系，了解社会的需求和变化，及时调整办学理念和人才培养模式，提高自身竞争力，更好地服务于社会和经济发展。

校企合作可以使学校和企业双双获益，其重要性不言而喻。在当今社会，随着经济的发展和技术的进步，企业对人才的需求越来越高，高校作为人才培养的摇篮，必须紧跟市场需求，加强与企业的合作，才能更好地服务于社会。首先，通过与企业合作，高校可以及时掌握市场动态和行业变化，了解企业需要什么样的人才，从而及时调整专业结构、课程设置和教学计划，使人才培养更加符合市场需求。其次，校企合作有利于企业更好地吸收和利用高校的人才和智力资源。此外，校企合作还有利于提高学生的实践能力和就业竞争力。总之，校企合作对高校商务英语实训多有助力，对高校、企业和学生的发展都具有重要意义，这就需要高校和企业共同努力，探索出更多新的合作模式和途径，加强沟通与协作，实现资源共享和优势互补。

现在很多高校里的商务英语专业的学习都只停留在学校的实训基地和实验室里，通过用软件、多媒体等设备模拟真实环境来学习，但这样其实是比较落后的。因为师资力量很一般，导致技术力量不够强大，信息也不够新。所以学校和企业可以尝试合作，共同建造实训基地。这样的话，学生就能学到更实用的东西。

第一，企业投资参与学校实训基地建设。例如，企业可以通过开展冠名班或订单班培养毕业生，提供用人指标和教学计划，并提供实训基地和技术人员。这种方式可以缩短新员工培训时间，提高就业质量，同时学校还可以引进企业资源和专家人才。

第二，校企共建实训基地。学校可以通过企业专家调研和综合用人单位的意见来制定教学计划和目标，企业参与部分出资，并交给学校实际工作任务。学生和系部通过实训完成企业工作任务，帮助企业实现经济效益。这种方式可以让学生和教师了解企业生产技术，得到企业正规培训，刺激学习积极性和参与度，提高工作效率，从而创造经济效益。

第三，在企业内部建立实训基地。企业还可以小批量吸收学生到企业内部进行生产实习，完成实训工作任务。这种方式能激发学生兴趣和学习热情，提高学习效率，培养学生的实际操作能力和人际交往能力。但对于商务英语专业来说，需要企业和学校系部协商，有计划地对学生进行安排，通过实训日记和学生表现来考核实训效果。

（三）参观走访加深感性认识

在高校商务英语专业中，带学生去企业参观是一种有效的实践方式，有助于学生直观地了解企业的实际生产和运营情况。这种实践方式有很多益处，一方面，能解决大量学生同时进企业的问题；另一方面，也能使学生见世面、开眼界。此外，通过参观走访，还能激发学生的好奇心和求知的欲望。去企业、产业园、工业基地、企业管理委员会这些地方参观走访，对于商务英语专业的学生来说，是个学习的大好机会。这可以让他们了解到工作的实际情况、各个公司的企业文化，同时也能熟悉这个区域的发展理念以及国家对企业的一些政策、计划等。此外，不同类型的企业经营方式，还有市场竞争的情况，甚至国际生产的前沿信息，需要什么类型的人才等，也可以通过参观走访了解相关信息。这些经历不仅有助于增长学生的见识，更有助于激发其自主创业的信心与意识，为未来的职业发展奠定坚实基础。

第六章
校企合作下高校商务英语教学体系建设

本章为校企合作下高校商务英语教学体系建设，主要介绍了四个方面的内容，分别是高校商务英语教学体系的构建原则、高校商务英语教学体系的功能、高校商务英语教学体系的路径、高校商务英语教学体系的实施。

第一节　高校商务英语教学体系的构建原则

一、学生为本原则

培养社会需要的综合型人才是高等院校的根本任务。以学生为本原则就是指要根据学生生理、心理特点，把价值引领和教育理论、实践教育等有机地结合起来，有针对性地根据青年学生的心理需求来设计实践内容、实践手段，充分体现对学生个体的尊重。高等院校在构建实践教学体系时应该做到以学生为本，在确立高水平优质就业的目标基础上，要做到素养与技能培养并举，学历教育与岗前培训相结合，既要培养学生听、读、说、写、做、学的能力，更要培养以"专业深化、品德优化、形象美化、能力强化"为主要内容的学生素养提升工程。高校商务英语实践教学体系构建要以学生为本，就要突出培养学生的职业能力，始终把培养学生熟练的英语沟通能力、扎实稳健的商务知识与技能，以及与现代商务环境相适应的信息处理能力作为重点，对商务英语专业理论和实践教学体系的建设和实施、教学计划、实习实训等环节进行较全面的改进，着重培养学生的专业能力，使学生在就业市场更有竞争力。

二、层次性原则

层次性原则是指在具体的教学实施中要考虑不同的学生群体及其所处的不同年级，采用有差异的教学方式来进行有针对性的教学，也是因材施教的重要体现。在教学实施中要做到细致合理的规划，不同的学段和学习者要采用阶段性的实施策略，真正做到有效推进教学衔接，使实践活动形成整体的系统性规划。在高校商务英语教育中，英语的工具性作用更为明显。这不仅是商务英语专业的学生在教学和学习中使用的基本"工具"，也是开展各类国际商务活动的"工具"。然而，高校学生的学习基础相对薄弱，这就要求高等院校在构建实践教学体系时必须坚持层次性原则，在循序渐进的基础上注意培养高校商务英语专业实践教学体系的构建，以培养学生的学习兴趣和动手能力为主，因材施教，充分发挥每个学生自己的潜力，发现每个同学的优势。

（一）有层次的校内商务英语实践教学模块设计

按照层次性原则，笔者认为在相对短暂的高校学习时间里，商务英语校内实践教学模块可以从以下三个层次开展实施。

第一个层次：学习的第一年，主要以基本技能的训练为主，重点培养学生的英语听、说、读、写、译等能力。无论在课程设置上，还是课堂教学上，都要进行大量密集的英语教学和训练，大量地使用以业务为背景的语言材料，使学生在学习语言知识和技能的同时，能获得一些相应专业术语和文化背景知识。

第二个层次：专业学习的第二年，也是最重要的一年，要以商务技能的专项训练为主，主要培养学生使用英语进行商务事宜沟通的综合能力。学生经过一年的系统学习后，在掌握英语和各项基本商务技能的基础上，通过综合实训将单项的技能联系起来，综合运用，融会贯通，同时加强整个商务活动流程的实训教学，有利于提高学生的商务沟通能力、跨文化交际能力、协调能力、团队协作能力等，为以后所要从事的商务工作岗位打下牢固的基础。

第三个层次：在专业学习的第三年和第四年，则要将重心转为以综合职业能力的培养为主，包括创新型的创业能力等，鼓励指导在自主创业、科技创新等方面有特长的学生率先实践。当然，这个阶段的实践教学内容并不是一成不变的。教师可以根据学生在学习中掌握的实际情况进行灵活调整，给予有针对性的辅导。

（二）有层次的校外商务英语实践教学模块设计

众所周知，社会实践是教学的关键环节，同样应该坚持层次性原则。高校商务英语专业在计划、部署校外实践教学时，要坚持层次性原则，必须从学生的实际出发，制订计划、实施与总结，给予他们最直接、及时与有效的指导，而不是很直接地、很随意地就把学生"扔"入社会。这就跟跑马拉松一样，迈步之前的热身是一种适应性练习，先打好基础，对最后的成功也起着非常重要的作用。对于刚入学的一年级的高校生而言，对这个世界的了解可能更多的是停留在感性上，那么校方应该多组织这些学生赴企业参观、学习，从而对这个现实的社会，当前的经济态势和企业发展有个清晰的认知；对于二年级的高校生来说，实践重点可以放在鼓励深入社会、企业做调研，在深度了解企业文化的基础上开始规划自己的职业生涯；对三、四年级的学生来说，校方应该把重点放在社会"实习"上，指导其逐步适应职场世界，在实际工作中发展自己。

三、理论与实践相结合原则

高校商务英语实践教学注重提高学生的应用英语能力，让学生知道学以致用，融会贯通，把在学校里学到的理论知识运用到实际生活中去。商务英语是一门综合性学科，需要积累的知识很多，既有英语语言的，也有商务专业的。若只是蜻蜓点水地"教"与"学"，必然不能起到加深印象的作用，势必会因为知识的"模棱两可"而在实践中无法很好地"表现"，甚至会犯不必要的错误。在实践中学会总结，不断创新，才能进步，其实总结就是实践理论方式的体现，理论是听别人说哪样是对的、哪样是该做的，实践才能够知道怎么样才能做成，因此要学会经常总结。帮助学生学好英语，使其尽可能系统地掌握相关的商务知识与技能非常重要。与此同时，英语的使用与商务操作都涉及很多技巧与技能，需要在实践中发展、完善与更新，从而保持与时俱进。在构建高校商务英语实践教学体系时，必须从学生的实际需求出发，再结合学校特色和地方特色，合理地将理论与实践有效结合，为真正培养出一大批有知识、有文化、有内涵、有远见、有能力的商务人才的专业目标而服务。

第二节 高校商务英语教学体系的功能

一、平衡教学理论与实践关系的功能

随着时间的推移，高校培养技术应用型人才这个观点，越来越受到大家的认可。这意味着高校不再仅局限于传授理论知识，而是更加注重培养学生的实际操作技能。对于每一所高校来说，尽管在人才培养计划中，一些专业的理论课时和实践教学课时都进行了调整。然而，在现实的教学工作中，目前的教师基本都是从大学师范类院校出来之后就开始参加工作，

缺少实践教学的经验。因此，大学的商务英语的师资力量相对比较薄弱。而且，对实践教学的监管和评价体系也不健全，在上课的时候，老师有没有进行过实践教学，使用了之后又是怎样对学生的学习情况进行评价的，这些都是仍需攻克的难题。所以，实践教学的效果并没有很好地提高。

在校企合作背景下，高校商务英语教学体系通过教师队伍建设、教学评估体系、行业导师支持、相关领域专家参与、课程设计优化的完善等方式，不仅能加强对商务英语教师的专业化培训和实践经验积累，还能够提高其实践教学能力，从而提升学生理论水平和实践能力。

通过建立健全的实践教学监督和考核机制，确保教师是否适当地运用实践教学，并且对学生成绩进行科学考核，有利于激励教师更好地进行实践教学。引入商务英语行业专家或企业导师参与教学过程，提供实践案例、指导学生实践项目，可以帮助学生更好地理解和应用商务英语知识。鼓励学生参与课程内容设计和教学评价，了解学生的实际需求和反馈，从而更好地引导实践教学的开展。通过整合实践案例、模拟商务环境等方式，来优化商务英语课程设计，可以使之更贴近实际商务场景，提升学生的实践能力。

以上措施的实施将有助于促进高校商务英语教学体系的平衡发展，更好地满足现代社会对应用型人才的需求，提升教学质量和实践教学效果。

二、完善学校教学实践系统的功能

高校毕业生在毕业后无法找到合适的工作、无法顺利融入职场，往往会产生多方面的遗憾。具体而言，这五个遗憾表现为企业、学生、学校、家长和政府的不同失望情绪。造成这一局面的一个原因是高校课程设置过于侧重学科理论，未能紧密结合行业实际需求，不能适应企业对专业技能和技能型人才的需求。为了应对这一问题，教育改革正在积极推进高校课程体系的改革，实践教学的重要性得到了加强，老师在上课时也加大了实践教学的力度。但受限于实训条件和教师实践经验的不足，实践教学与实际工作还是没能很好地结合在一起。目前，大多数实践教学活动的场所还是在学校里面，少数情况下会有企业的人参与，并没有形成系统的教学模式。学校仍需进一步解决实践教学与实际工作之间相融合的问题，以提高学生的实践运用能力，从而更好地满足行业对应用技术人才的需求。在校企合作背景下，在高校商务英语教学体系中，教师教授知识的同时，自主进入企业，或指导学生进行实践，不仅有利于提升学生商务英语能力，而且对自身商务英语应用和应变能力也有所加强，弥补了传统教学中对教学实践的缺失，完善了学校教学实践系统。

三、实现高校与企业双赢的功能

在经济全球化进程加快、工业转型升级的背景下，我国对商务英语专业人才的需求不断上升。但是，随着社会、经济等方面的效益越来越显著，高等院校所提供的英语专业人才与企业实际需求存在着较大的差距，致使其在企业中就业困难。一方面，明明社会对商业英语人才的需求很大，但企业又难以找到所需的专业人员；另一方面，大量商务英语专业毕业生无法快速就业，经过了四年的大学学习，还是要在入职前经过很长时间的岗前培训。这就是现在看到的情况，毕业生感叹工作难找，企业也在抱怨很难招到合适的人才。出现这样的局面，一大原因是高校教学体系脱离了社会和市场，导致了学生职业能力的缺失。在校企合作背景下，高校商务英语教学体系对企业人才的输送和高校学生实践以及毕业生就业大有益处。完善的高校商务英语教学体系不仅有强大的师资、合理的课程安排，还能为培养学生实践能力提供企业实习或就业的机会。同时，完善的高校商务英语教学体系培养出的学生，能够成为企业所需要的高质量的商务英语人才。不难发现，国际商务行业并不要求学生对学科理论知识掌握得有多深，但是要求有广度，要求有很好的综合应用能力，对实践操作能力有很高的要求，也要求有一定的经验，这就对该专业的实践教学提出了挑战。现在企业急需的是技术应用型人才，所以高校培养目标要以学生就业为导向，以锻炼学生的职业能力为目标，要突出职业教育特征，建构完善的实践教学体系来培养学生的综合职业能力。实践教学是培养学生综合素质、提升就业能力最有效的途径。企业既然对大学生提出了期望，要想获得高质量的从业人员，就应该承担相应的社会责任。企业要给大学生提供更多的实训实习机会，让学生在实训实习的过程中真正参与到业务流程中，而不仅仅是打杂混日子。同时，企业也要与院校一起探讨人才培养方案，提出中肯的意见或建议，制定出符合市场需求的人才培养方案。这样，学校和企业才会达到双赢，学校毕业生就业率提高，企业也会拥有高质量的从业人员。

四、实现专业人才培养的功能

高校教学目标应是以"应用为目的，实用为主，够用为度"。高等院校应以学生为中心，以能力为本位，以素质为根本，在做中学、在学中练。所以，在教学过程中，要让学生"学以致用"，这一要求就更加凸显出了商务英语专业构建实践教学体系的必要性。通过高校商务英语教学体系中的实践教学，学生有机会进入企业进行实践，或通过课堂模拟国际商务活动，既锻炼了学生的交际沟通能力，也锻炼了操作能力，还提高了学生的综合能力。只有在完整的高校商务英语教学体系中的实践教学体系指导下，学生的实践操作能力才能得到很好的锻炼，学生的综合职业能力才能满足社会发展的需要，从而使学生更好地就业，商务英语专业人才培养目标才得以实现。

第三节 高校商务英语教学体系的路径

一、高校商务英语教学方法的变革

在校企合作的背景下，高校商务英语教学方法需要更加注重实践性和应用性。在课堂教学中，要引入更多真实商务案例和项目，让学生在实际场景中运用商务英语进行沟通和交流，培养学生的实战能力和解决问题的能力。在课程管理上，要将商务英语教学与商务管理、国际贸易等专业课程结合起来，帮助学生更好地理解商务背景和专业知识，提升跨学科的综合能力。同时，要注重实践能力，注重培养学生的商务谈判能力、演讲表达能力和团队协作能力，从而使学生能够在跨文化商务环境中自如地交流和合作。通过高校商务英语课堂教学方法的变革：课堂教学的职业化、学习内容的职业化、学习方式交互协作化，可以让学生在课堂中提前适应企业环境，为日后进入企业工作奠定基础。

（一）课堂教学的职业化

在高校商务英语的授课中，教师可以采用对话练习的方式来提升学生的语言表达能力，尽可能地引导学生去领悟英语学习的精髓，帮助学生形成交流意识。这种教学方式增加了师生之间、生生之间的互动，可以增进教师和学生之间的感情。

其实在日常生活中，我们可以把交流对话转换成英语，创造出一种英语语言环境。现行大学商务英语教材中，日常英语交际的内容包括商务交际用语，表达谢意和歉意的语言及沟通时的常用表达。尽管教学内容中包含着一些专业且高端的商务用语，但远远无法满足学生未来工作的实际需求。商务英语工作中常见的商业合同、函件往来、专业文本材料、说明解释文书等，在目前的商务英语教材中很少出现。所以老师可以根据实际情况，适当地选择专业性教学内容，对学生进行针对性的培训，以帮助学生掌握更多工作技能，对学生以后工作中可能遇到的问题进行有针对性的教学。

在专业的英语听力教学中，注重培养学生的听说读写的综合技能，全面提高学生的综合素质。但国内高校通常缺乏真实的英语语言环境，所以学生无法拥有完整的语言锻炼机会。这就要求老师们在讲课时，不能光凭自己讲，而是要结合现实去创设语言环境，让学生模拟实际工作状态，从而更好地掌握这门外语。在教学工具方面，老师们不仅仅要口头讲课，更要利用自己手头的讲课工具，通过多样的模式，和生活中的方方面面进行联系，比如，与生活和工作有联系的话题，可以转化成授课内容；再比如一些国外的礼仪等，老师们可以将学生们分组，然后进行实战演练。还可以通过交流、比赛、辩论等方式，让他们感受到英语与汉语的不同，要让每位同学都能得到课堂上锻炼的机会，做到勇于表现，积极发言。

（二）学习内容的职业化

想让不同学习程度的学生都得到知识能力的提升，可以让他们平时加强听、说、读、写方面的练习，为在学校学习商务英语做好铺垫，打好学习的根基，同时应该做到"三化"。

首先，就是学习英语要有画面感，简称"画面化"。即假设学生已经进入到职业环境，并处在某种情境中，让学生面对此情此景说出英语，锻炼表达能力。

其次，就是针对商务英语专业不同就业方向进行"模块化"的表演，即在不同的场景下，表演商务英语礼仪，或者陈述一些商务英语法律等，这些也是英语学习的重点，需要实践操作。

再次，就是与人文环境相结合，将英语变得"趣味化"。这个主要是和我们熟悉的商务礼仪、名人故事、知识典故联系在一起，让学生学习异国文化，了解风俗习惯，使英语学习变得不再枯燥乏味，而是更有意思。

（三）学习方式交互协作化

其实，教师在学校上课的时候可以把商务英语的学习和多媒体技术相结合，比如，通过网络学习英语，既新潮又有趣，还能促进教师与学生之间的交流和互动，让学习变得不再枯燥，既提升了教师教课的积极性，又可以让学生们更喜欢学英语。客观上，这种教学方式是开放性的，没有局限性，还很方便。教师不再只是授课的人，而是朋友和伙伴，这种双向互动的方式不但有文字交流，还有声音、视频，非常丰富。教育方面可以将教师、学生、教育资源和设施四种因素融合在一起，构成一个紧密联系的系统，在系统里，大家可以取长补短，互相帮助、协作竞争，角色与角色之间关系不同，又互相联系，不可分割，他们之间的密切关系可以共同促进学生英语水平的提高。因此，这对于每个人来说都是有益处的。教师可以使用这个系统，设计好课程和作业，督促学生学习，考查他们的学习状况，这种专业性的指导将有利于学生提高自己的英语水平，做到成绩提高和拉近师生关系同步进行，可谓是一举两得。因此，这种做法非常值得推广。

二、高校商务英语教学评价的转变

高校对商务英语专业学生的专业技能的培养，不光要体现在教学内容上，还要融入评估机制中，所以现在的高校都在努力建立一个以专业能力为导向的"评价体系"。为了完善高校英语课程的评估机制，我们可以采用四种评估机制：职业化评估、借考证督促学生学习评估、多样式评估和持续性评估。这些机制既可以单独使用，也可以相互配合使用，共同为高校商务英语教学提供全面的评估体系。通过这样的方式，我们能够更好地对学生的专业能力进行全面、准确的评估，从而为提高教学质量和学习效果奠定坚实基础。

（一）职业化评价机制

这种评价机制不仅可以提升学生的英语技能，还可以反映出测试者在模拟环境中所表现出来的职业素养、交流沟通技巧、应变能力等，以及是否爱岗、是否有团队意识、是否具备发散性思维等。评估的过程不仅教师要参与进来，学生也要积极融入，对于同学的表现任何人都可以说出意见，教师也可以进行点评。学生可以从其他人那里汲取精华，完善自我，不断进行对比和反思。因此，职业化评估机制体现的是建构主义的价值观，这种评估机制的主要特点是：符合我们国家最高教育机构颁布的规章制度，有利于提高两种评估机制标准——形成性测试和总结性测试，还有利于商务英语基础技能和专业技能的有效提升。

在目前高校和企业合作的大环境下，商务英语的职业化评价机制就可以对学生在合作企业实习中的定向工作内容成果和企业人员相关评价进行综合考量。

（二）以证促学的评价方式

高校商务英语教育的教学要求注重以适应专业实践需求为指导方向、以足够使用为限度，这种教育策略展现出来的是大学商务英语课堂的教学目的——为专业课程的学习及学生步入工作岗位提供辅助作用。现在多数的高校商务英语教育机构都是通过英语水平等级证书来进行评估，这是最常见的一种评估方式。

在学校的分班教学制度下，初级层次的学生可以根据各自主修专业的不同特点进行不同等级的考试，考试结果将成为评价学生英语知识学习水平的重要标准。对于专业商务英语层次来说，即对英语要求较高的专业，则可根据需要设置相应的级别认证。为了更好地评估学生的英语水平，学校会不断地调整教育方针政策，并规范职业等级证书制度。通过考证的方式，可以督促学生努力学习，并为他们的未来就业增加有利条件。这将激发学生对英语的热爱和积极性，进一步提高他们的英语水平。

此外，还可以将企业人员聘用对商务英语相关证书的要求作为评价标准，对于未考取企业人员聘用相关商务英语证书的学生提出限时要求考取，对于已考取相应证书的学生，可适时安排企业实践机会。

（三）多元化评价方式

多元化的评价机制包括评估角度多元、评估对象多元化、评估标准多元化、评估策略多元化。其中，评估的角度多元化是教师在进行教学评估的过程中，不仅要评估学生的英语功底、英语技巧，还要评估他们对英语课的兴趣、上课呈现出怎样的情绪、是否积极回答问题、听课有没有技巧、对自己的认可度、是否有团队协作思想、是否可以独立思考等。此外，还可以加入学生在企业实践中的表现及企业人员评价。

受教育的人是对外来知识的重组者，也是对知识的接受者和执行者，在不同的英语课程评估里，也应有不同的策略实施方法，教师对学生的单方向评估要转变成学生之间的互相评估、自我评价及教学方面的综合评估等形式。多元化的评估机制摒弃了传统的方式，它采用的是丰富多彩的评估方案，如代入情景、点评教师、同学协作、卷子测试、交流互动、互换职务等很多方面。此外，还可以加入企业实践项目，请企业相关工作人员对学生实践结果进行评价。

（四）动态发展的评价方式

要建立动态发展的评估机制，促进大学生全面素养的提高。这一制度要密切关注学生的学业情况，重视学生的学习动机和学习情感，重视学生职业素质与技术水平的提高，以满足社会对多元化和全面型人才的需要。老师要始终有高昂的教育积极性，改进教授式的学习方式和疑难问题的应对方式，让学生能够更好地发展自己的专业能力，更好地满足他们的实际需要，从而提升他们的综合能力和素养。

在评价过程中，老师要对学生进行客观的引导和评价，并从多个方面对其进行全面的评价，从而建立起其对英语的自信。针对各个阶段的教育需要，应运用适当的教学任务与战略，并与科学的评价体系相配合。通过各种评价方法来激发学员对英语的兴趣与信心，从而提升他们的整体能力。

商业英语评价体系应该让学员们练习英语的口头交流能力，并与新型的教育设备和方法相配合，培养团队合作能力及适应环境的能力。通过情景模拟、小组讨论、比赛等方式进行中英翻译及短语文法的训练，发现问题并进行讨论、研究，结合外国文化知识，提高同学们的整体素养及问题的解决能力。这种动态发展的评价方式，可以在多个方面锻炼和提高学生的专业能力，使大学英语教学更加有效和实用。

三、高校商务英语教师的角色调适

商务英语专业技能是学生走向工作岗位时必备的一项技能。为了让学生熟练掌握这种专业能力，教师要在教学过程中扮演多种角色，并根据需要灵活地进行身份转换。在校企合作背景下，教师不仅是知识的教授者，更是目标的引领者、课程内容分析者和重构者、科学的评价者、综合职业能力的促进者、教学的反思者和终身学习者。

（一）目标的引领者

目标是一个人前进的动力，学生也是如此。做任何事情的动力都是心中的目标，只有认清楚这一问题，才能一步一个脚印地向着心中既定的目标迈进。作为教师，要懂得大学商务英语的教学目标是什么，以此来明确商务英语专业知识学习的重要性以及如何为社会提供服务。要自觉结合本专业的知识和培养人才计划，根据国家要求有步骤、有计划地进行英语教学；要正确看待各种英语等级水平考试的价值，以及提高学生综合素质有什么作用；要时刻提醒学生高校英语教学的最终目的，并紧密关注市场人才需求标准。通过指导，可以帮助学生树立正确的学习理念，确保学生的学习目标明确、方法得当。还能避免盲目学习，确保学生的学习既有深度又有广度，与市场需求相契合。

（二）课程内容分析者和重构者

作为高校的大学生，商务英语的课程学习是必不可少的。它是商务英语专业学生的必修课，肩负着至关重要的责任。这门课程的学习宗旨在于帮助学生打好英语基础，掌握英语技能，这样以后在学更专业的英语知识的时候就能更加得心应手。为了实现上述目标，对于教师来说，第一要了解学生的基础如何，根据他们的基础因材施教，并与专业知识进行结合，同时开展有针对性的英语语言教学，采用多元化的英语教学形式，不同科目之间也要互通有无，以打好专业英语学习基础。

（三）科学的评价者

想要确保学生学习到位，教学评估就显得尤其重要。商务英语教师需要成为科学的评价者，各个高校的英语教学评价机制应该从实践出发，同时与教学目的结合在一起，来进行最终的评估。搭建出形成性测试和总结性测试相互协调的系统，可以让评估机制变得更有意义。具体而言，就是教师如果想要了解市场对职工的需求如何，就可以设计一个方案进行测试，对学生的英语基础及实践能力进行考察和评估，也可以使用多媒体、电子设备等进行网络评估，让更多的学生都可以在这些环节中积极参与，发挥自己的主观能动性。

（四）综合职业能力的促进者

商务英语课程的核心目标，不仅在于传授学生英语知识，更在于培养他们步入工作岗位后所需要的综合职业技能。这些技能在日后的工作中将会发挥重要作用，助力学生的长远发展。所以，现在的高校商务英语的教学任务之一就是要改变传统的教育理念，让学生成为学习的主角，让教师从单纯的管理者、监督者转变为引领学生探索英语的向导、激发创新思维的导师、富有激情的陪伴者、创新教学方法的先行者、学生综合职业能力的促进者。

（五）教学的反思者和终身学习者

提高教学水平的方法还包括对教学方式进行反思，教师在教学过程中应不断找寻不足，使教学内容变得更加完善。对教学过程的反思，可以让商务英语教学回归正轨，始终以学生为中心，运用趣味教学方式提高其学习积极性，并为学生将来的就业提供导向。教师要把学生作为学习的主体，引导提升学生的职业技能水平，严格执行素质教育的教学理念。另外，教师需要转换思想，不断更新知识理论，定期研修，让学校教育与社会人才的需求结构保持同步，还要与其他学科的教师多交流，提升自己的职业技能水平，为学生作榜样和表率。

综上所述，在商务英语教学改革中，最重要的是提高教师队伍的整体素质水平，让授课者采用新的教学理念，在讲课、授课中扮演多个角色，提高自身教学实践能力；还要因材施教，根据学生不同的情况采用不同的教学策略，在改革中进行自我反思，让学生更好地学到知识，为步入职场打好根基。

第四节　高校商务英语教学体系的实施

实践是保证一切理论有效的最终途径，商务英语实践教学体系的完成也不例外。依据教学体系框架，在实施过程中需要重点关注以下五个方面。

一、商务英语专业教学目标以企业需求为导向

高等院校商务英语专业在制定实践教学计划时要因材施教，保证每个学生都可以发挥自身优势，在实践中提升个人的职业能力，以满足市场需求。对于商务英语专业而言，其根本的指向性教学目标应以企业需求为标准，在设置课程、安排教学前应该对商务英语专业所从事的行业做大量的前期调研，通过设计调查问卷和访谈来全方位地了解企业需求。在充分调研的基础上对数据做详细分析，根据调查结果来调整和设置课程计划，真正做到以适应企业为宗旨，以服务企业为导向。只有以企业需求为目标的教学，才能培养出真正适应企业、适应社会的人才。

二、实践课程教学中加强对技能的应用性训练

应用性是商务英语专业的本质特性，在实践中合理、适时地用商务和英语的知识解决实际问题是衡量商务英语专业水平的重要方面。在现行教学中教师多以培养和教授学生的理论知识为主，与实践应用相脱节。为了提高学生的应用性技能，在课程教学实施中需要从教师和教学活动两个方面进行重点关注。

在实践教学模式中，教师的角色发生了转变，从知识教授者变成了课程教学辅助者。这种转变并不表示教师功能的弱化，相反对教师的要求更加全面和严格。仅仅讲授知识、传授技能已经不足以满足教学，教师需要变成整个教学的设计者。

对于高校商务英语教学而言，实训教师需要按照教学目标明确分工，如教学管理工作和教学指导工作要分开。这样有利于教师各司其职，充分发挥自己的优势。在教师作用加强的同时对教师的要求也更加严格，作为办学院系，要不断完善和调整教师专业队伍，合理配置教师人力资源，明确各自的岗位职责。

此外，要加强对教师的培训工作，定期安排教师学习新知识，使教师首先具备商务英语专业要求的技能素质。教师的水平直接影响着商务实践教学的成功与否，加强教师队伍建设是保证高校商务英语实践教学体系实施的重要环节。

同时，还需要关注到教师的专业发展和个人成长。为了提高教师的专业素养和实践能力，需要为教师提供更多的培训和学习机会。例如，可以组织定期的学术研讨会、邀请行业专家举办讲座、安排教师参加相关的研讨会和培训课程等。

另外，还需要鼓励教师与学生之间的互动和交流。通过开展课堂讨论、小组合作、案例分析等活动，教师可以更好地了解学生的需求和问题，并及时给予指导和帮助。同时，学生也可以从与教师的交流中获得更多的启

发和思考。

在实践教学模式中，还需要注重学生的参与和体验。通过开展实践活动、模拟商务场景、组织角色扮演等方式，能让学生更加深入地了解商务英语的应用和实践。同时，还需要关注学生的反馈和评价，及时调整教学内容和方法，确保教学质量和效果。

总之，实践教学模式对教师具有更高的要求，要加强对教师的培训及提高教师的专业素养和实践能力。同时，还要注重学生的参与和体验感，确保教学质量和效果。只有这样，才能更好地培养出具备商务英语应用能力和实践能力的人才。

从课程实施的过程看，综合性、多维度的课程更能吸引学生的注意力。在兴趣的指引下，学生更愿意积极主动地参与实践教学，这样可以使预先的课程更好地展开并取得成效。例如，定期举办以英语技能和商务技能为主要考察内容的活动比赛，使学生在竞争和求胜的心理动机下参与活动。这样的活动平台以任务或者目标为导向，学生的参与性被大大调动，既有利于专业技能的掌握，同时在协作、互助、竞争的活动氛围中也培养了学生的沟通能力、组织能力、协调能力等综合技能。在具体实施过程中，要依据实践课程体系中的维度，精心设计综合类的竞赛活动，并且为竞争获胜者提供奖励，使学生在活动中锻炼和发展他们的专业技能，在实践中提高其专业知识的应用能力。

三、采用"三位一体"的实践教学模式

为了培养适合市场需求的商务英语人才，很多教育工作者都表明主要是实践能力的提高，把商务知识和英语很好地结合，来进行更大范围内的信息传递和商务竞争。在教学中，要注重组合实践教学基地，采用"三位一体"的实践教学模式，包括课内实验、校内实训、校外实习三个环节。

课内实验是指为了及时强化课程内容，在一个部分的课程教学完成后安排的课堂练习，大多是校内授课教师在学校内指导完成。课内实验重视

理论知识的实践应用，如借用英文电影片段练习听力、以主题讨论练习口语，结合案例进行一些商务内容的翻译和公文的写作等，根本目标在于让学生对专业知识的能够更好地掌握。课内实验是教学过程中的一个重要环节，它不仅是对课堂理论知识的巩固和加深，更是对学生实践能力和创新思维的培养。通过课内实验，学生可以亲身参与到实践中，将理论知识转化为实际操作，提高自己的技能和能力。在课内实验中，教师通常会设计一些具有代表性和实际意义的实验项目，让学生亲自动手操作，完成实验任务。这些实验项目可以涉及各个领域，如物理、化学、生物、计算机等。通过实验，学生可以深入了解科学原理和技术应用，掌握科学的研究方法和实验技巧，提高自己的科学素养和创新能力。除了传统的实验项目外，课内实验还可以采用一些现代化的教学手段，如虚拟实验室、在线实验等。这些现代化的教学手段可以让学生更加方便地进行实验操作，提高实验的效率和效果。同时，也可以让学生更加深入地了解科技的发展和应用，激发他们的学习兴趣和创新精神。总之，课内实验是教学过程中不可或缺的一部分，它不仅可以巩固学生的理论知识，还可以培养他们的实践能力和创新思维。因此，应该重视课内实验的教学，为学生提供更多的实践机会和更好的实践环境。

校内实训一般是在一门课程或者相关的几门课程结束后，为了进一步巩固知识点进行的历时几周的训练，让大家对知识进行更深入的了解。这样的训练也大都由教师组织学生在校内完成，根本目标是在知识点之间建立起连接关系，形成综合性的、完整的知识理解体系。开设与工作岗位相关的实训课程很有必要，如一些外贸的采购业务、商务证单的制作等，在整个过程中学生需要经历前期的精心准备，过程中的合作和事宜安排及宣传工作。模拟仿真商务实训室的一系列活动都是真实事务的模拟操作，具有很强的职业导向性，是一种非常有效的训练工作。校内实训不仅是为了巩固知识点，更是为了让学生更好地将所学知识应用于实际工作中。在实训期间，学生需要完成各种任务，如外贸采购业务、商务证单的制作等，学生必须有坚实的理论基础和实践技能，才能完成这些任务。通过这些任务的完成，学生能够更加深入地了解自己所学的专业，并掌握实际工作所需的技能。

校外实习是指学生到校外实习基地顶岗实习或自己联系到实际的公司企业进行学习，在真实环境中培养学生综合的应用知识英语能力和商务事务处理能力。校外实习是学生走向社会的重要一步，也是检验学生所学知识的重要途径。通过顶岗实习或自己联系实习，学生可以在真实的工作环境中锻炼自己的英语应用能力和商务事务处理能力。这种实习时间一般较长，从几个月到一年不等，需要学生和老师进行全面的规划和部署。在实习期间，学生需要尽快适应工作环境，掌握工作技能，同时也要及时发现自己的不足之处，以便在今后的学习和工作中加以改进。此外，学生还可以通过实习来了解行业发展趋势和市场需求，为今后的职业规划和发展打下基础。对于学校而言，校外实习是教学的重要组成部分，也是学生提高职业素养和实践能力的重要途径。学校应该加强对学生实习的指导和支持，为学生提供更多的实习机会和资源，同时也要加强与企业的合作，提高实习的质量和效果。

四、统筹校内实训和校外顶岗实习

校内实训和校外顶岗实习都是商务英语专业学生必须经历的学习环节，是保证其专业能力强化的关键。校内实训可以有针对性地训练学生单个或者几个能力，在模拟学习中为实习和就业提供最基础的练习。将校内实验与校外顶岗实习紧密结合，可以对商务英语专业学生的专业能力进行优化分析。因此，协调好校内实训和校外实训之间的时间比例和项目安排非常有必要，既要重视基础知识的学习，又要做到真正地学以致用，进而实现层次性的进步和螺旋式的成长。

校内实训在安排时要与课程的理论教学目标相结合，以实训的效果为导向，做科学合理的设计。即使是模拟的环境也要尽量参考真实的工作场景，使学生对未来的工作有第一手的直观感受。在用现代化的教学手段的基础上还要综合考虑学生们的接受能力。在具体的实训时，必须针对他们的特点采用不同的教学方法。同时，要总结学生综合能力的培养过程中的经验，让学生们进行讨论交流，供学生们在理论学习和生产实践中参考。

校外顶岗实习在安排上要以质量为第一衡量标准，切忌以时间和数量来盲目计算。实习的岗位要具有代表性和普遍性，应当是社会真正普遍关注和需求的岗位。一定要选择恰当的实习岗位，让学生充分发挥主观能动性，从根本上完成实习目标，使能力达到相应的锻炼，而不是形式化。同时要不断优化岗位的管理和评价环节，不让实习流于形式。

五、建设高素质的教学团队

高校商务英语师资队伍建设是提高专业教学质量的关键。为了建设一支水平高、能力强、善协作、多元角色、专兼结合的创新型双师教师队伍，可以做出以下探索。

（一）打造"双师"结构多元角色的教学团队

要构建"双师"结构的教师队伍，我们可以从三个方面入手：内部培养、外部引进和企业聘用。要发挥制度上的长处，加强与企业合作，积极吸引更多优秀人才加入教师团队。通过结合学习和工作，还有参加社会实践活动，来打造一支专职教师和兼职教师相结合的队伍，并确保教师队伍具备高素质、优良结构以及高尚道德品质，这样的教学团队将更有利于推动教学工作的顺利开展。注重中青年骨干教师和具有专业背景的优秀人才的引进，完善教师实践锻炼制度，规定每名专业教师每年实践时间不得少于 40 天，并由学院提供配套的政策支持，通过多种形式，如进修培训、调研、社会服务、顶岗实践、企业挂职锻炼等不断提高教师的实践操作技能和实践教学能力，使真正的"双师"教师比例达到 50%。通过教学实践与社会实践实现角色转换，专业教师由单一角色转变为六重角色：专业知识的传授者、专业教学的组织者、专业操作的示范者、专业能力的培养者、专业疑难的咨询者及专业道德的培养者。

（二）注重培养专业双带头人

专业双带头人是指从校内专任教师中培养一名带头人、从校外兼职教师中聘任一名带头人，通过学术交流、出国考察学习、科研立项、教学研究、社会实践等途径，增强专业带头人的科技开发和教学研究能力，扩大其社会影响力。专业带头人承担如下职责：负责制订本专业的人才培养方案；组织专业教学与改革；组织课程开发和教材编写；组织实训基地建设；抓好教师梯队建设；维护校企合作平台，推进校企合作深入发展；积极开展社会服务和技术成果的推广。

（三）重点培养骨干教师

采取多种激励措施培养骨干教师。通过进修培训、社会实践、教学比武、教学研究、科技开发等，着重培养教师的教学能力、科研能力、创新能力。骨干教师的职责是：完成优质核心课程的建设；积极参与以工作过程为导向的课程开发与教材编写；积极参与教学改革；积极参与或承担各级教科研课题的研究工作；积极参与社会服务，大力聘用兼职教师从相关行业、企业中遴选 20 名左右高素质高水平的管理人员或技术人员作为兼职教师资源库。根据实际需要，每年从中聘用若干名作为兼职教师，进行专业实践教学指导，与专任教师一起共同开发课程、撰写实习指导书，并且对顶岗学生进行指导和管理。加大兼职教师的培训力度，使兼职教师既熟悉行业企业外贸工作实践，又具备较强的教学能力和业务指导能力。兼职教师与专任教师一起合作开发教材，共同实施专业教学，共同建设实训基地。根据商务英语专业教学团队建设目标，在现有兼职教师的基础上，在建设期内再选聘 10 名行业企业技术专家作为本专业兼职教师，使兼职教师承担专业课学时比例达到规定要求。

（四）加强实习实训基地建设

实现高校教育培养目标的关键在于实践教学组织的成功与否。实践教学主要是提高学生动手操作能力，培养其职业素养，实践能力提高依赖于实习实训场所的配备，高等院校实训实习基地建设对实践教学具有重要意义。因此要实现高校人才培养目标，实践教学基地的建设必须始终秉承着为社会服务的原则，把重点放在助力学生就业上，围绕着学生的岗位专业技能进行训练。根据各个方面的需求，为经济和社会的发展提供高素质的应用型、专业化的人才，为经济和社会发展贡献力量。要建设多功能综合实训基地，扩建、整合、改造校内实训设施，建立多功能综合实训基地，安装商务口语会话、商务现场翻译、外贸实务教学、外贸单证教学、外贸实习平台等软件，让学生在模拟仿真的商务环境中，完成真实工作任务，了解职业岗位的工作流程，让学生做好入职准备。另外，还可以把实训室改造得更加实用，建设成一个多用途的综合训练基地，这样学生和企业员工考证、学英语、提升职业技能等都可以在这里完成。这将有助于提高他们的专业能力和职业竞争力，为企业的发展提供有力支持。

通过校企深度合作，构建一个具有生产性质的校内训练基地，是商务英语专业发展的趋势。学校和企业分工合作，学校负责出场地和管理工作，企业则出指导老师和器材。创设一个高度仿真的模拟工作环境，把涉及进出口贸易、商务活动的实际情景带入学校，使学员们能够在现场体验到工作中的实际内容，为学生搭建一个以"工作为导向"的校园实习平台。还可以引进一些涉外企业资料的翻译项目，积极开展对外经贸信息的生产活动，学生通过亲身接触涉外企业的资料，能提高自己的语言转换能力和对不同文化背景的理解能力。此外，要进一步加强校企合作，加大学生的生产性实训力度，使他们在实际工作中不断得到锻炼和提升。

（五）建设具有教学功能的校外实习基地

校外实习基地的建设，需要校企双方共同努力，依托大型企业，在校外打造多个有教学功能的实训基地，这些实训基地要满足以下几点要求：第一，在硬件方面，基地要满足学生对实习场地和食宿设施的要求；第二，在师资力量上，要有比较固定的实习导师；第三，实训岗位要比较稳定，不会轻易变动；第四，要有比较健全的实习程序和管理体系，确保学生实习的顺利进行；第五，在管理上，需要与实习基地签订明确的实习协议，发布实习管理文档，明确双方的教学责任，保证教学行为的规范化，使导师更好地发挥作用。为了加强与实习基地的长期协作，应给予实习导师补助，以稳定和丰富学生的商务实习、实训资源，提高学生的实践能力和就业竞争力。

参考文献

［1］何劲虹. 高级商务英语教程［M］. 重庆：重庆大学出版社，2019.

［2］代艳莉. 高校商务英语教学理论与实践探索［M］. 北京：北京工业大学出版社，2021.

［3］黄洁，曹煜茹. 高校商务英语教学研究［M］. 延吉：延边大学出版社，2019.

［4］鲍文，田丽. 高校商务英语专业实践教学创新研究［M］. 杭州：浙江工商大学出版社，2021.

［5］侯佳，朱豫，罗焕. 商务英语［M］. 成都：电子科技大学出版社，2020.

［6］姜霞. 高校商务英语教师学科教学知识建构研究［M］. 上海：上海交通大学出版社，2023.

［7］于万成. 校企合作创新之路［M］. 北京：机械工业出版社，2020.

［8］高伟. 商务英语口语实训教程［M］. 成都：四川大学出版社，2022.

［9］林丹蔚，邱瑞君. 实用商务英语写作教程［M］. 北京：对外经济贸易大学出版社，2018.

［10］杨晓霞. 商务英语写作［M］. 武汉：武汉大学出版社，2014.

［11］徐婉洁. 校企合作背景下"复合式"师资赋能的商务英语教学改革［J］. 中国多媒体与网络教学学报（上旬刊），2023（2）：130-133.

［12］李遵. 学科融合，校企联动——商务英语专业虚拟教研室建设方案研究［J］. 科教文汇，2023（18）：68-71.

[13] 夏娟. 基于校企合作高校英语教学对铸造专业学生发展的重要性 [J]. 特种铸造及有色合金，2023，43（9）：1305-1306.

[14] 高晓博，成杰. 新疆应用型本科院校商务英语校企合作机制创新研究 与实践 [J]. 现代商贸工业，2023，44（15）：58-60.

[15] 雷露. 基于"产出导向法"的商务英语教学实践分析 [J]. 海外英语， 2022（20）：113-114，122.

[16] 曲孟男. 商务英语专业国际营销课程教学实践 [J]. 西部素质教育， 2022，8（7）：140-142.

[17] 田晨旭. 基于产出导向法的"综合商务英语"教学实践 [J]. 重庆科 技学院学报（社会科学版），2022（2）：105-112.

[18] 张帆，刘娜娜. 应用型本科高校构建商务英语体系的实践——基于英 语戏剧课程和国际商务谈判课程跨学科教学的探索 [J]. 现代英语， 2022（2）：5-8.

[19] 李晓琳. 新文科背景下商务英语教师商务核心素养的校企合作培养路 径探究 [J]. 榆林学院学报，2023，33（4）：103-106，114.

[20] 黄佳卉，陈萍. 校企合作背景下应用型大学创新型商务英语人才的培 养 [J]. 英语广场，2022（35）：67-71.

[21] 李雨欣. 商务英语通用语会议中道歉言语行为的语料库语用研究 [D]. 广州：广东外语外贸大学，2022.

[22] 丁丽娜. 合作原则指导下的国际商务英语口译 [D]. 银川：宁夏大学， 2022.

[23] 周佳丽. 教育目标分类学视角下的商务英语阅读能力量表构建 [D]. 重庆：四川外国语大学，2022.

[24] 李胜利. 应用型本科英语类专业教学转型研究 [D]. 厦门：厦门大学， 2018.

[25] 赵薇. 产出导向法在商务英语阅读课堂中的实践研究 [D]. 广州：广 东技术师范大学，2021.

［26］ 魏强. 校企合作培养服务外包企业商务人才的模式研究［D］. 大连：
     大连海事大学，2012.

［27］ 赵欣. 数字商务英语话语研究［D］. 哈尔滨：黑龙江大学，2021.

［28］ 杨军. W 公司商务英语课程营销策略优化研究［D］. 上海：上海外国
     语大学，2021.

［29］ 蔡璐. 民办高校应用型人才培养模式研究［D］. 曲阜：曲阜师范大学，
     2019.

［30］ 姜霞. 中国高校商务英语教师学科教学知识建构研究［D］. 上海：上
     海外国语大学，2019.